Empatia com o
Diabo

JR. FORASTEROS

Empatia com o DIABO

COMO NOS IDENTIFICAMOS COM OS *VILÕES* DA *BÍBLIA*

Tradução
BARBARA THEOTO LAMBERT

Edições Loyola

Título original:
Empathy for the devil
– Finding ourselves in the villains of the Bible
© 2017 by Marshall M. Forasteros
InterVarsity Press
P.O. Box 1400, Downers Grove, IL 60515
ISBN 978-0-8308-4514-9

Originally published by InterVarsity Press as *Empathy for the devil* by JR. Forasteros. © 2017 by Marshall M. Forasteros. Translated and printed by permission of InterVarsity Press, P.O. Box 1400, Downers Grove, IL 60515, USA. www.ivpress.com.

Originalmente publicado por InterVarsity com o título *Empathy for the devil*, de JR. Forasteros. © 2017 by Marshall M. Forasteros. Traduzido e publicado em acordo com a InterVarsity Press, P.O. Box 1400, Downers Grove, IL 60515, USA. www.ivpress.com.

Dados Internacionais de Catalogação na Publicação (CIP)
(Câmara Brasileira do Livro, SP, Brasil)

Forasteros, JR.
   Empatia com o diabo : como nos identificamos com os vilões da Bíblia / JR. Forasteros ; tradução Barbara Theoto Lambert. -- São Paulo : Edições Loyola, 2022. -- (Sabedoria para o nosso tempo)
   Título original: Empathy for the devil : finding ourselves in the villains of the Bible
   ISBN 978-65-5504-149-1
   1. Bíblia (Personagem bíblico) 2. Moral cristã 3. Teologia pastoral 4. Vilões I. Lambert, Barbara Theoto. II. Título III. Série.

22-98070   CDD-220.95

Índices para catálogo sistemático:
1. Bíblia : Vilões : História   220.95

Maria Alice Ferreira - Bibliotecária - CRB-8/7964

Preparação: Fernanda Guerriero Antunes
Capa e diagramação: Ronaldo Hideo Inoue
   Composição da ilustração de © laleks
   sobre textura de fundo de © wasdok101.
   © Adobe Stock.

Edições Loyola Jesuítas
Rua 1822 n° 341 – Ipiranga
04216-000 São Paulo, SP
T 55 11 3385 8500/8501, 2063 4275
editorial@loyola.com.br
vendas@loyola.com.br
www.loyola.com.br

Todos os direitos reservados. Nenhuma parte desta obra pode ser reproduzida ou transmitida por qualquer forma e/ou quaisquer meios (eletrônico ou mecânico, incluindo fotocópia e gravação) ou arquivada em qualquer sistema ou banco de dados sem permissão escrita da Editora.

ISBN 978-65-5504-149-1

© EDIÇÕES LOYOLA, São Paulo, Brasil, 2022

PARA AMANDA
(*Também conhecida como mãe terrorista*)

O MUNDO ESTÁ INDEFESO
DIANTE DO GRANDE PODER DE TEU AMOR.
EIS O QUE ME ENSINASTE.

SUMÁRIO

INTRODUÇÃO 9

1   CAIM   15

2   VOCÊ NÃO GOSTARIA
DE ME VER IRRITADO   27
*Como a ira pode ser
um convite para a vida*

3   DALILA E SANSÃO   39

4   NÃO SOU COMO TODO MUNDO   55
Quando a Luz do Mundo escurece

5   JEZEBEL   67

6   CASTELO DE CARTAS   79
*Poder, medo e os
novos deuses americanos*

7   HERODES, O GRANDE   93

8   ENTRE ROMA E
UM LUGAR DIFÍCIL   103
*Vivendo em um mundo
de escolhas impossíveis*

9   HERODÍADES   117

10   O GATO ESTÁ NO BERÇO   131
*As impressões digitais que
nossas famílias deixam em nós*

11   JUDAS   149

12   QUAL É O CHEIRO DA MORTE?   163
A traição dos fiéis

Intervalo
    O MONSTRO NO
    FIM DESTE LIVRO   179

13   SATANÁS   181

14   CORRENDO COM O DIABO   197
*Sobre diabos, irmãos mais velhos
e fariseus naquele tempo e agora*

Epílogo
    EMPATIA COM O DIABO   215
*O que fazer quando
você vem a ser o vilão*

AGRADECIMENTOS   219

INTRODUÇÃO

Quando eu estava no segundo ano do Ensino Médio, queria desafiar a mim mesmo em uma pesquisa de história mundial. Decidi examinar o pior acontecimento do século XX, o Holocausto, e indagar se alguma coisa de bom havia resultado dele. Felizmente, minha professora de História, Sra. Morgason, foi bastante criteriosa e percebeu que eu não era um neonazista iniciante, mas apenas um garoto cristão suburbano sem-noção que não via o Holocausto como algo além de um acontecimento em um livro de História. Em vez de me denunciar ao diretor ou a um orientador, ela deu à minha dissertação a nota baixa merecida e deixou-a cair no obscurantismo, onde era seu lugar.

Quando acabei o Ensino Médio, fui à Alemanha. Nessa viagem, visitei Dachau, local do primeiro campo de concentração nazista. Fiquei nos beliches reconstruídos, onde centenas de prisioneiros se apertavam como sardinhas. Atravessei as portas em que a carga humana era retirada dos vagões, e depois as salas dos chuveiros, projetados para executar centenas de pessoas ao mesmo tempo[1]. Vi as fornalhas nas quais os corpos daqueles que os nazistas rotulavam de "inumanos" eram incinerados e chorei sobre as sepulturas em massa — um belo ajardinamento que proporciona um memorial insuficiente para o que se encontra debaixo da terra. Conheci um sobre-

---

1 Os chuveiros de Dachau foram criados naquele local e, depois, aperfeiçoados em outros campos. Embora lá instalados, o campo de Dachau foi liberado antes de serem usados.

vivente de Dachau, com os números tatuados no braço, desbotados, mas ainda visíveis.

No decorrer de uma manhã, o Holocausto tornou-se real para mim. Não era mais um acontecimento distante, empoeirado, em um livro de História. Eu não podia mais pensar em abordá-lo como um desafio intelectual. Podia reagir só com horror. Esta pergunta me fascinava: Como os nazistas puderam fazer isso? Não Hitler e seus conselheiros, mas os soldados em campo e o povo da cidade de Dachau. Como puderam eles *todos* tornarem-se monstros que industrializavam o assassinato? Como puderam, ativa ou passivamente, apoiar a máquina de genocídio?

A melhor resposta que temos é tão horripilante quanto insatisfatória: tornaram-se monstros lentamente, um dia depois do outro. O campo em Dachau foi inaugurado em 1933, cerca de três meses depois de Hitler ser nomeado chanceler da Alemanha. Seu propósito original era servir de prisão para agitadores políticos[2]. Em princípio, ninguém morreu em Dachau. No entanto, como os prisioneiros eram considerados inimigos do Estado, foram sistematicamente desumanizados: despidos desde o momento em que chegavam e submetidos a atos diários de humilhação.

Ocorreram várias "mortes acidentais", oficialmente inexplicáveis. Em outubro de 1933, foi autorizada a execução por sabotagem, tentativas de fuga e "agitação política". A Noite dos Cristais, o massacre infame de judeus em toda a Alemanha nazista, só aconteceu em novembro de 1938, quando o campo já operava havia quase seis anos. Onze mil judeus foram encarcerados ali. Os crematórios só foram construídos em março de 1942, quase uma década depois da inauguração do campo. Quando ele foi libertado, em 1945, soldados da SS tinham matado mais de quarenta mil pessoas[3].

---

2   Ein Konzentrationslager für politische Gefangene, *Münchner Neueste Nachrichten*, 21 mar. 1933, 1.
3   Timeline of Dachau. Disponível em: <www.jewishvirtuallibrary.org/timeline-of-dachau>. Acesso em: 16 nov. 2021.

A visita a Dachau me fez ver a realidade do Holocausto e tornou reais para mim os soldados alemães. Percebi que eles não acordaram monstros, não nasceram maus. Tornaram-se maus um dia depois do outro — uma decisão de apoiar, uma decisão de não falar com franqueza, uma decisão de olhar para o outro lado. Eram pessoas comuns como você e eu que se tornaram vilões dando um passo depois do outro.

Um bom dia para ser mau

Não há dúvida de que somos obcecados por vilões. Anti-heróis, regicidas e sujeitos completamente maus controlam o cinema, as telinhas e as estantes de livros. Do filme *Garota exemplar* ao deus Loki, nossos vilões insistem que heróis não são realmente bons e que vale a pena torcer por anti-heróis. *Wicked*, da Broadway, e *Malévola*, da Disney, nos convidam a revisitar os antigos contos de fadas para saber se as bruxas malvadas são tão más quanto pensávamos. Até o Super-Homem normalizou a matança, porque *perverso, impaciente* e *resoluto* são o lema do dia.

Talvez seja esta geração de corrupção política e escândalos sexuais religiosos. Talvez seja a era da informação, que nos dá acesso a mais lados das histórias do que jamais tivemos. Talvez seja apenas uma boa narração de histórias. No entanto, quando o Coringa é mais interessante que o Cavaleiro das Trevas, vale a pena perguntar por quê. Por que somos tão obcecados por sujeitos maus?

Porque queremos entender. E para entender precisamos ouvir o outro lado da história. Precisamos ver o mundo do ponto de vista do sujeito mau.

O termo técnico para a capacidade de entender a posição do outro é *empatia*. A empatia é uma prática humana essencial, principalmente em uma cultura que está cada vez mais dividida. Era uma vez uma pessoa do outro lado da linha, um amigo e concidadão de quem discordei. Agora ele é o inimigo, ameaça meu modo de vida; um acordo com ele parece impossível. Era uma vez alguém que discordou de mim teologicamente, mas ainda era um irmão em Cristo. Hoje, escrevemos numa rede social ou disparamos mensagens descartando-o como herege que não tem lugar na ampla corrente do cristianismo.

Empatia requer prática. Então, qual melhor recurso que as Escrituras? A Bíblia está cheia de vilões — pessoas que através da história têm sido retratadas como irreparavelmente más. São o fratricida, a rainha malvada, a mulher fatal, o grande traidor, o diabo. Damos a esses vilões quase tanta atenção quanto o número de versículos que tratam deles — ou seja, não muita. Não os entendemos como pessoas reais, mas como monstros que só existem para ameaçar os heróis de nossas narrativas.

Os vilões bíblicos, porém, eram pessoas reais. Nasceram no pecado como todos nós nascemos; não eram mais malvados do que nós. Estou interessado nos caminhos que eles trilharam. Quando Caim estava naquele campo, por que matar o irmão parecia ser a melhor opção para ele? Como Dalila pôde trair Sansão? Por que Jezebel odiava tanto os profetas divinos? Como Herodes pôde ordenar a morte dos bebês? Por que Herodíades queria João Batista morto? O que Judas realmente esperava ganhar entregando Jesus às autoridades? E como poderia qualquer criatura que esteve diante da presença do trono celestial desejar rebelar-se?

Esses vilões merecem mais que uma leitura superficial. Certamente a história violou seu legado muito mais do que mereciam. Devemos a nós mesmos o exercício de alguma empatia com esses demônios.

Assim, este livro é um experimento de empatia. Cada capítulo começa com a reapresentação ficcional dos momentos de formação de um vilão bíblico. Os vilões são os protagonistas. As narrativas podem não ser estritamente históricas — embora eu tenha feito o possível para isso. A Bíblia é a única fonte que temos para diversas dessas personagens, e algumas não são mais que uma nota de rodapé na história. Analisaremos essas narrativas como atos de empatia criativa. O objetivo é desenvolver uma compreensão desses indivíduos e perguntar como alguém pôde fazer o que eles fizeram.

Depois de revisitarmos o momento definidor de cada vilão, examinaremos o texto bíblico mais detalhadamente, localizando temas das narrativas em toda a Sagrada Escritura. Também refletiremos onde esses temas surgem em nossa espiritualidade e como podemos seguir um caminho mais fiel na companhia de Deus.

O objetivo desta obra é entender, não absolver. A empatia não exige que toleremos as crenças ou os comportamentos dos outros, mas apenas que vejamos o mundo com base na perspectiva deles.

Contudo, não queremos fazer isso. Queremos acreditar que monarcas malvados e fratricidas e discípulos traidores e soldados nazistas são fundamentalmente diferentes de nós. Queremos declarar com confiança: "Eu jamais faria isso!".

E, em geral, estamos certos. A grande maioria de nós não vai participar de genocídio nem vai assassinar nem uma única pessoa, mas isso não significa que a mesma semente do mal não viva em nosso coração. Em última análise, é por isso que queremos entender os vilões. Queremos saber se estamos trilhando o caminho que eles já trilharam. Por quê? Porque agora é a hora de nos afastarmos, enquanto o pecado ainda é apenas uma semente.

Sujeitos maus nos fascinam porque desconfiamos secretamente que eles não são muito diferentes de nós. Talvez, se aprendermos um pouco de empatia, descobriremos que trilhamos o caminho deles — só alguns passos atrás. Talvez consigamos nos arrepender antes que o pecado floresça e nos tornemos vilões por nossa conta.

1

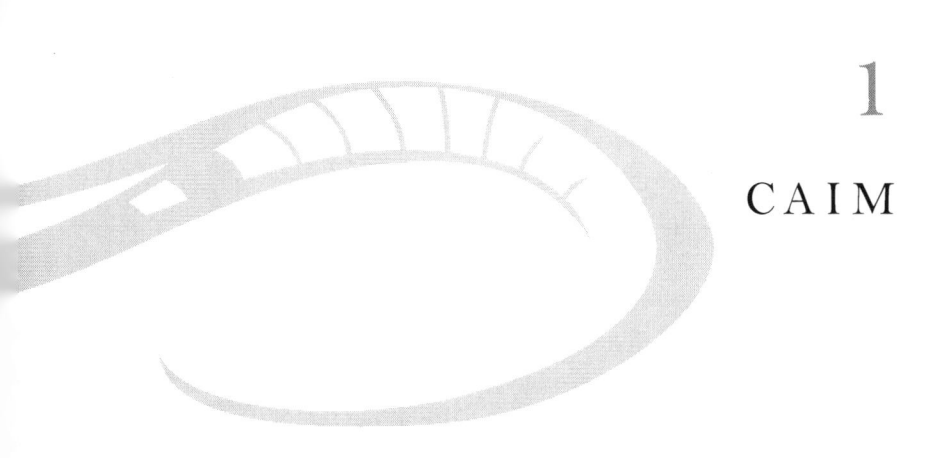

CAIM

*Javé ficou satisfeito com Abel e com sua oblação.
Mas com Caim e com sua oblação Javé não ficou contente.*

(Gn 4,4-5)

Agora

Caim ajoelhou-se na terra e sua mão descansou na pedra. O cheiro de carvão encheu-lhe as narinas; o que queimava no altar não era fogo de verdade. Levantou-se e observou confuso enquanto os feixes de trigo enegreciam sob a crepitante dança vermelha. Caprichadas pilhas de favas fumegavam e então as vagens consumiam-se, revelando ervilhas verdes que agora enegreciam. Enquanto o pânico juntava-se à incompreensão, Caim observava as batatas e as romãs, sempre as últimas a pegar fogo. "Será que pelo menos estas vão queimar com o fogo?", ele se perguntou.

Talvez. No entanto, nunca antes o trigo ou as ervilhas de sua oblação deixaram de queimar de verdade. No mesmo instante em que lhe veio esse pensamento, o círculo cuidadoso de batatas e romãs rendeu-se às chamas. Quando também elas começaram a enegrecer, Caim já não podia negar que isso não era mais que fogo queimando no altar.

Ele deu um passo atrás, observou a velha pedra do altar, as juntas de pedra desgastadas pelo tempo. Embora fosse mais velho que o próprio Caim, o altar mantinha-se firme e forte. Cada pedra encaixava-se firmemente nas outras, por isso não havia frestas nem espaços. O altar familiar estava forte como sempre fora. Com certeza não tinha defeitos.

Caim não se lembrava de uma oblação que simplesmente queimasse. Quantas ele testemunhara seu pai oferecer? Quantos dias ele vivera? Todas as vezes, o fogo tomou os frutos da terra. Caim, é claro, tinha visto alimentos queimar; ele não começou a cozinhar alimentos tão prontamente quanto a cultivá-los. Grãos tostados eram uma visão, um aroma que ele conhecia bem. Nunca, porém, em todos os milhares de sacrifícios diários que seu pai fizera antes de Caim se tornar homem, ele vira grãos tostados no altar familiar. Jamais — nem mesmo depois que seu pai lhe permitiu oferecer o sacrifício ao Nome pela família — ele vira os frutos enegrecerem e crepitarem em línguas de fogo.

Ele ainda estufava o peito com orgulho quando se lembrava da primeira vez que saudara o fogo sagrado do altar. Os frutos e grãos em um arranjo cuidadoso tinham sido consumidos e a presença do Nome descera sobre a família. Lágrimas de alegria molharam suas faces e seu pai lhe sussurrara: "Fizeste bem, Caim. Hoje agradaste ao Nome e deixaste teu pai orgulhoso". Sua mãe o abraçara com as faces molhadas. Desde aquele dia, Caim convocou o fogo sagrado inúmeras vezes.

"Mas o que está errado hoje?", ele pensou enquanto refletia, um brado a seu pai subindo-lhe pela garganta. Quando se virou, seus olhos viram o fogo sagrado — e o brado morreu em seus lábios.

O fogo sagrado queimava, mas não em *seu* altar.

O cheiro de carne sendo tostada penetrava no odor de grão chamuscado enquanto Caim começava a entender o que os olhos lhe diziam. Alguns passos abaixo do cimo da colina, um cordeiro estava sobre uma pequena pilha de pedras, mal arrumadas e reunidas frouxamente. A pilha de pedras — Caim não conseguia pensar nela como um altar — erguia-se um pouco acima da grama. E assim mesmo o cordeiro foi consumido, queimando de verdade. Línguas de fogo lambiam a carcaça cuidadosamente abatida, saltando e dançando a uma altura insuportavelmente grande, explodindo em uma erupção de cores com que nenhum fogo comum poderia se igualar.

Por um momento, sua confusão desapareceu e, como sempre, Caim ficou petrificado diante do fogo sagrado. Era como se as chamas queimassem através da estrutura do mundo, consumindo a coisa sem queimá-la. Embora ele tivesse testemunhado o fogo sagrado inúmeras vezes, sua implausibilidade nunca deixava de cativá-lo. O cordeiro não enegreceu, mas estava cozido. Como o fogo sagrado transformava a oblação em fumaça que se elevava aos céus, assim a presença do Nome descia sobre Caim e — ele sabia por longa experiência — sobre todos os que davam testemunho do fogo sagrado.

Durante os momentos em que o fogo sagrado queimou, Caim imaginou que podia ver o Jardim sobre o qual sua mãe às vezes falava. O fogo sagrado não destruía, mas revelava. O mesmo acontecia com o cordeiro sendo consumido: embora a carne nunca queimasse, as chamas o destruíam, camada por camada, até não sobrar nada além da certeza de que o Nome estava satisfeito com essa oblação.

Quando as últimas centelhas do fogo sagrado desapareceram de sua vista, levando com elas a presença do Nome, a figura prostrada na terra diante do altar improvisado atraiu o olhar de Caim. Seu irmão Abel chorava silenciosamente em um êxtase particular tão intenso que Caim sentiu-se um intruso. Afastou-se da pilha de pedras cambaleando em choque, virou-se e foi tropeçando para casa.

Ao pé da suave colina, Adão já estava amolando as ferramentas, preparando-se para o plantio do dia, embora a família ainda não tivesse quebrado o jejum. O jeito dos ombros e a linha dura das costas gritaram a Caim que seu pai havia visto. Eva observava da porta, lágrimas correndo-lhe pelas faces. Caim vira muitas vezes pena no rosto da mãe, mas nunca por ele.

A cada passo em direção de casa, a confusão de Caim transformava-se em raiva. Não deu sequer uma olhada para trás para ver se o irmão o seguia. O choro suave e alegre lhe dizia que Abel ainda estava no topo da colina.

Lembrou-se de quando Abel construíra o altar improvisado havia vários plantios.

Antes

Caim fizera a oblação regularmente durante várias estações. Adão ainda conduzia a maior parte delas, mas, ao menos uma vez a cada sete, ele deixava Caim ser o primeiro a sentir o Nome se aproximando, a presença revelada pelo fogo sagrado.

Caim trabalhava ao lado do pai no campo, arando a terra nova, removendo pedras. Adão sempre comentava que, se a terra produzisse colheitas tão facilmente quanto produzia pedras, ervas daninhas e espinhos, eles viveriam no paraíso. As palavras tinham o tom de piada, mas os olhos do pai não demonstravam hilaridade quando as pronunciava. Depois de seu exílio, Caim percebia que isso era o mais perto que seu pai chegava de falar do Jardim.

Como de costume, não se achava Abel em nenhum lugar. Ele não tinha cabeça nem temperamento para arar a terra. Se alguém lhe perguntasse onde estava seu irmão, Caim daria de ombros e diria: "Provavelmente, contando carneiros". Abel era o pastor da família.

No entanto, não havia ninguém para perguntar de Abel, e Caim não estava pensando no irmão. Encontrava-se concentrado em plantar as sementes nas fileiras cuidadosamente aradas, perfeitamente espaçadas. Toda estação era importante e Caim dava muita atenção ao cultivo e à colheita, mas tudo começava ali. O solo bruto, rochoso, não produzia safras com facilidade, por isso, do princípio ao fim das estações, ele e Adão aprenderam a arrancar da terra a maior quantidade possível de alimento. Adão muitas vezes louvava o trabalho de Caim e seguia-o cada vez mais para aprender o que vinha naturalmente ao filho.

Nesse dia, Caim surpreendeu Adão olhando fixamente na direção de casa e das pastagens mais além. Adão sempre contemplava as pastagens com uma saudade resignada no olhar.

Quando Caim seguiu o olhar do pai, viu Abel cambaleando sob o peso de uma pedra morro acima em direção ao altar familiar. Observou quando ele parou perto do topo da colina e colocou a pedra sobre uma pequena pilha de outras pedras. O carregamento de pedras continuou a manhã toda, seguido de curtos períodos de construção.

Eles voltaram ao plantio e mais tarde Eva levou-lhes a refeição do meio-dia. Ela partiu o pão com Adão e Caim, e gritou a Abel quando este se aproximou:

— Abel, no que estás brincando?

Abel olhou timidamente para o chão enquanto se abaixava e agarrava um pedaço de pão. Incapaz de disfarçar o orgulho na voz, disse:

— É um altar, mãe.

— Temos um altar, Abel — Adão resmungou. — E não és o primogênito.

— Eu sei, pai. Não é... eu... eu sei. Não posso oferecer pela família. Só quero mostrar minha devoção ao Nome.

Em resposta, Adão só resmungou. Depois da breve refeição, ele e Caim voltaram à terra e Abel retornou à construção. Só alguns dias depois Abel fez sua primeira oblação.

Agora

Quando Caim se aproximou de casa, Eva foi a seu encontro para consolá-lo. Ele se esquivou dela e entrou irritado para quebrar o jejum. Como sempre, o fruto de seu trabalho era abundante e estava na mesa: um pão posicionado no centro, rodeado por bolos de grãos-de-bico; várias frutas, fatiadas e arrumadas, e pastas de frutas se estendendo até os conjuntos de pratos; um pouco de queijo em um pratinho na ponta da mesa. Caim abaixou-se, cortou um pedaço de pão, mergulhou-o em pasta de maçã e enfiou-o na boca sem esperar que os pais se juntassem a ele.

Só então Adão e Eva uniram-se a ele, quebrando em silêncio o jejum. A mortalha da humilhação de Caim pairava sobre a mesa, amargando as frutas. A mãe falou, oferecendo a bênção, embora estivessem quase acabando de comer.

— Adão, és meu marido. És forte, tão constante quanto a terra da qual te originaste.

O silêncio se fez novamente, Eva implorando a Adão com os olhos. Finalmente, ele disse:

— Tu, que foste outrora osso de meu osso, carne de minha carne, és minha mulher, és a mãe da vida.

Livre para continuar o ritual, Eva voltou-se para o filho, com os olhos marejados de lágrimas, a voz trêmula:

— És Caim, nosso filho. Em ti sabemos que, quando voltarmos ao pó, nossa vida não acabará.

Nesse ponto, Caim explodiu:

— Chega, mãe! Não viste? Fui rejeitado.

Eva estendeu sua mão para ele, com um apelo na voz que tentava repudiar sua angústia:

— Não foste rejeitado, meu filho. Teu pai é rejeitado quando fazes a oblação? Por favor, Caim! — Recomeçou a oração: — És Caim, nosso filho. Em ti...

Caim não se acalmou:

— Fiz tudo certo. Minha oblação era perfeita, como sempre é. Pronunciei as palavras. Mas o fogo sagrado não caiu para mim. Não caiu sobre o altar familiar. Caiu sobre o cordeiro, sobre aquela embaraçosa pilha de pedras. Caiu para... — Não conseguiu terminar. A ira intensificou-se de novo, culminando em sua vergonha: — O Nome me rejeitou. Uma oração muda isso?

O silêncio voltou à mesa e dessa vez Eva não tentou finalizar a oração. Então, Adão olhou para a porta e perguntou:

— Onde está o teu irmão?

Caim levantou-se da mesa, seu corpo cortando o silêncio enquanto ele saía com raiva. À porta, apanhou a enxada. Viu Abel brincando novamente de pastor com seu pequeno rebanho, rindo e levando-o para o riacho próximo.

— Pelo visto, a oblação foi alimento suficiente para Abel — disse com veemência e saiu irritado para o campo.

À mesa, o queijo não foi comido.

Antes

Adão e Caim tinham encontrado a terra especialmente fértil às sementes e esperavam a mais fecunda estação de cultivo em muito tempo. Caim levantou-se cedo. Verdade seja dita, ele mal dormira. Aliás, raramente dormia muito na véspera da oblação. Quando o restante da família acordou, ele havia preparado todos os frutos e grãos e colocado a lenha sobre o altar. Um raro sorriso surgiu no rosto de Adão.

Caim conduziu a oblação e o fogo sagrado surgiu imediatamente, como sempre. A presença do Nome envolveu-os a todos, como sempre. E eles voltaram para quebrar o jejum, como sempre. Só Abel não foi com eles.

Depois de pronunciarem a bênção, Adão dirigiu-se a Caim:

— Onde está o teu irmão?

Levantaram-se da mesa e olharam para fora. Abel estava ajoelhado perto da pilha de pedras e a fumaça subia do altar improvisado. Caim saiu correndo. "Abel está queimando mais alimento?" Ao se aproximar, a fragrância desconhecida de carne assada encheu suas narinas e ele ficou com água na boca ao mesmo tempo que sentiu náuseas. Caim viu um cordeiro queimando, consumido e não revelado.

Depois que sua oblação queimou, Abel entrou em casa, com o olhar lacrimejante e abatido. Adão disse-lhe ternamente:

— Abel, não fizeste a oblação no altar familiar. Não és o primogênito. Não podes convocar o fogo sagrado.

Abel deu um leve sorriso:

— Eu sei, pai. Não fiz a oblação para receber o fogo sagrado.

Confusa, Eva o questionou:

— Então por que tuas faces estão molhadas, Abel?

— Só estou triste, mãe. O cordeiro que ofereci era o mais forte dos que nasceram este ano. Acabei gostando dele.

Como acontecia com frequência quando se tratava de Abel, a irritação depressa suplantou a solicitude:
— E agora, Abel? — ela perguntou. — A quantas mais dessas oferendas vais nos submeter antes de achares outra distração?
Abel murmurou uma desculpa:
— As oferendas são para o Nome, mãe. Eu as farei depois de quebrarmos o jejum, para não te incomodar.
Terminaram a refeição em silêncio. No entanto, quando Caim se dirigia para o campo, ouviu as vozes de Adão e Eva tornando-se gritos. Seu pai demorou um longo tempo para ir aos campos aquele dia e eles não plantaram tanto quanto tinham planejado.
No dia seguinte, Abel fez a oferenda ao lado de Adão.

Agora

No campo, Caim trabalhava sozinho. Atrás dele, a fileira de terra fértil arada era simples e exata. Repetidamente, a enxada reluzia no céu; por sucessivas vezes, ela penetrava no solo e, com frequência, batia em uma pedra. Depois de vários golpes, Caim se ajoelhava e removia as pedras desenterradas, jogando-as no saco de lanolina pendurado no ombro, que ficava cheio mais depressa do que ele gostaria. Então, ele caminhava até o riacho para depositá-las perto da água. Quando os campos estavam sem cultivo e quando o trabalho não consumia toda a luz do dia, Caim e Adão as usavam para represar o riacho e consertar o redil ou a casa. Até as pedras tinham utilidade.

Nesse dia a enxada de Caim bateu mais fundo, o saco encheu mais depressa. Perto do meio-dia, ao ir de novo em direção ao riacho, sua sombra queimou no solo, como se, de repente, o sol tivesse se duplicado. Protegendo os olhos, Caim encolheu-se quando a presença do Nome caiu sobre ele. Um vulto estava diante de si, os pés escarranchados na fileira cuidadosamente arada.

Caim recuou alguns passos, cambaleando antes de cair de joelhos. O vulto em pé em sua frente queimava com o fogo sagrado Suas línguas multicoloridas dançavam e lambiam a terra, correndo ao longo da fileira antes de se dissipar. O temor aumentou em seu peito, seguido de perto pelo medo quando sentiu o olhar do vulto sobre ele.

— Mi-misericórdia! — Caim finalmente gaguejou, as mãos protegendo o rosto. — Tem misericórdia, Força!

O vulto riu. Sua voz era um sussurro e Caim ouviu-a nos ossos em vez de com seus ouvidos.

— Não sou a Força, Caim. Não temas.

O vulto parecia ter saído de sua imaginação, das histórias que sua mãe lhe contava do Jardim, da serpente e da fruta, da Força e sua espada flamejante, banindo-os para sempre do paraíso. Quando seus olhos se acostumaram com o vulto, Caim não viu nenhuma espada. "Mas se isto não é a Força…", pensou.

Caim jogou-se no chão, o saco de pedras pressionando-lhe desconfortavelmente o estômago.

— O Nome!

O vulto deu uma risada indulgente.

— Levanta-te, Caim. Não sou o Nome. Digamos que falo pelo Nome. Tu e eu temos muito que conversar.

Caim levantou-se com cuidado. Tentou outra vez olhar para o vulto, mas percebeu que seus olhos não conseguiam encarar a imagem que tinha mais ou menos a forma de um homem. Havia uma impressão de asas, embora pudesse ser o fogo sagrado lambendo e dançando em volta do vulto. E ondas de poder jorravam do vulto. Caim percebeu que elas eram a origem de seu medo. Davam a impressão de violência, de energia. Não era exatamente uma ameaça —, apenas força bruta.

Caim endireitou-se.

— O que o Nome quer de mim?

A benevolência inundou Caim.

— Estás irritado. O Nome quer saber por quê.

Um silêncio chocante encheu o ar. Os músculos dos ombros de Caim se retesaram. O sussurro repetiu:

— Por que estás irritado?

Caim falou, fria e asperamente:

— Melhor perguntar por que o Nome está irritado comigo.

— O Nome não está irritado contigo. O Nome não veio a ti esta manhã?

— O Nome *não* veio a mim esta manhã — Caim disse com violência. — O fogo sagrado caiu sobre a oblação de Abel.

— Não importa em quem o fogo sagrado cai. Quando teu pai faz a oblação, ainda assim não experimentas a vinda do Nome?

Mais uma vez houve silêncio. Por fim, o anjo repetiu:

— Por que estás irritado?

A raiva ferveu em Caim.

— Por que o Nome não recebeu *minha* oblação? Fui designado para fazê-la neste dia. Preparei os frutos com perfeição como sempre faço. Ofertei-os sobre o altar.

Caim fez uma pausa, o sangue quente, a voz fria e afiada como uma navalha. Seus olhos procuraram um sinal de compaixão, de compreensão, mas só encontraram insinuações e sussurros.

— Queimei as frutas sobre o *altar*. Não em uma pilha de pedras unidas pela insensatez de um garoto.

— Por que estás irritado?

Então a voz de Caim aumentou, a raiva inundou seu estoicismo natural:

— Sou Caim. Sempre arei estes campos com o suor do meu rosto! — Abriu os braços, abarcando as colinas cuidadosamente preparadas para o plantio, repletas de fileiras perfeitas. Apontou para os campos, golpeando o ar com o dedo. — Onde estava Abel quando arei este solo? Onde estava Abel quando plantei naquele campo? Onde estava Abel quando salvamos aquele terraço depois da grande tempestade há três estações? Onde está Abel agora? Não está *aqui*. Ele não cultiva nossos campos.

O sussurro ecoou suavemente:

— Caim, onde está o teu irmão?

A raiva de Caim agitava-se dentro dele como uma tempestade.

— Por que o Nome se importa tanto com Abel? Se queres tanto achá-lo, segue o cheiro dos carneiros.

— Por que estás irritado? Se fizeres o que é certo, serás aceito.

A tempestade da raiva de Caim rompeu as barragens da prudência, inundando o campo.

— Se *eu* fizer o que é *certo*? Tenho feito *tudo* que o Nome pede. Tenho honrado meu pai e minha mãe. Achas que não percebo como meu pai anseia pelas pastagens? Nossos campos são uma prisão para ele, um lembrete de sua maldição. Contudo, eu me reconciliei com a terra. Trabalho incansavelmente ao lado de meu pai, aprendi seu ofício, imito cada movimento seu. Trabalho para produzir alimento com o suor do meu rosto. Labuto contra cardos e ervas daninhas enquanto meu irmão não faz nada. Dizes que *eu* serei aceito? Faço oblações tantas vezes quantas meu pai recomenda. Se isso não basta, se o Nome prefere meu irmão, então vai até ele. Deixa o Nome banquetear-se com cordeiro e queijo.

O vulto não se mexeu, mas anéis do fogo sagrado subiam cada vez mais alto e maiores, ameaçando abraçar Caim. E, embora a benevolência permanecesse no sussurro, o riso se fora.

— Hoje, o Nome recebeu a oferta de teu irmão. O que tens com isso? Tua família recebeu a bênção. Não foste rejeitado. Este dia é como todos os outros.

Como o vulto não fez nenhum movimento para partir, Caim voltou-se para ir embora, a raiva esvaziando-se, ensopando a terra como resultado de sua explosão.

O sussurro parou-o no meio do caminho:

— Caim, estás à beira de um precipício. — O anjo suplicou: — Não entendes? A morte está à tua espreita. Busca consumir-te. Não a deixes fazer isso.

— Sou Caim. Nenhum homem ou besta me domina — sua voz era outra vez baixa, fria e firme. — Sou a vida para os meus pais. Se o Nome crê que sou fraco, o Nome está enganado.

Então, ele percebeu que falava para um campo vazio. Virou-se e descobriu que o vulto se fora — e com ele a presença do Nome. Ele mal notara sua partida.

"O Nome me acha fraco? O Nome prefere Abel, o menino, o pastor? Abel, que não fez uma única colheita? Abel, que não ara a terra, que chafurda em riachos com carneiros, enquanto meu pai e eu lutamos com espinhos e ervas daninhas e pedras para podermos viver?"

Isso Caim não suportaria. Nunca dissera uma palavra quando a mãe e o pai incentivavam a frivolidade de Abel. Quando lhe pediram, construiu o redil. Quando lhe ofereceram, comeu o queijo e bebeu o leite. Assistia enquanto Abel usufruía o fruto de seu trabalho: os pães e as frutas obtidas pelo suor do rosto de Caim. E ele nunca dissera uma palavra.

De pé na margem do campo, as sandálias na terra inculta, acidentada, Caim viu o irmão correndo atrás dos carneiros no pasto, rindo, chamando-os. "Por isto o Nome me rejeita? Apesar de uma vida de fidelidade, apesar de interminável labuta? Não!" Caim não seria rejeitado. Gritou para o irmão e o chamou com um aceno. Abel obedeceu depressa. Deixou os carneiros, apressando-se em atender ao chamado do irmão.

Quando se aproximou, Caim ajoelhou no chão, pondo a mão em uma pedra.

2

VOCÊ NÃO GOSTARIA DE ME VER IRRITADO

*Como a ira pode ser
um convite para a vida*

Quando conheci Tom, cometi o pecado de Caim.
Não, não sou assassino. Eu não estava em um campo e Tom não era meu irmão. No entanto, cometi esse pecado assim mesmo. Sentado em uma sala de seminário no terceiro andar do prédio de Artes e Ciência na Universidade de Missouri, eu iniciava o segundo ano da pós-graduação.

Antes de ir para Mizzou[1], eu cursara uma pequena faculdade cristã no sudoeste de Missouri. Estudei religião, o que significa que todas as minhas classes estavam cheias de alunos que viam o mundo mais ou menos do jeito que eu via. Éramos todos cristãos evangélicos.

Na pós-graduação, porém, eu me vi na Universidade do Missouri, estudando religião em uma faculdade estadual. Deixei de ser um entre algumas dezenas de cristãos em cada classe para muitas vezes me tornar o único evangélico. Nos primeiros meses eu me sentia ansioso, intimidado e sufocado. Muitos de meus colegas tinham experiência em estudos religiosos seculares e já haviam lido vários dos teóricos e estudiosos que nos foram indicados. Esforcei-me como nunca me esforçara, nem no Ensino Médio nem na faculdade.

---

[1] Universidade do Missouri. (N. do E.)

Logo nas primeiras semanas, os outros alunos começaram a me chamar de símbolo cristão do departamento de religião. Um deles brincou: "Todo departamento de religião precisa de um aluno símbolo cristão. JR. é o nosso". Embora fosse uma brincadeira, o apelido ajudou a me firmar e ter confiança. Como "símbolo cristão", eu sabia qual era meu papel no departamento. Não temia falar com franqueza, apresentar minhas ideias ou opiniões. De repente era admissível eu apresentar uma perspectiva cristã, porque eu era o garoto símbolo cristão — vindo da pequena, liberal e confessional faculdade de artes —, que fora estudar religião na grande faculdade estadual.

Naquele primeiro ano, acomodei-me em meu papel de símbolo cristão e comecei a gostar dos estudos. Eu ainda era desafiado, ainda era intimidado, mas a nova identidade que adotara propiciava um contexto em que eu podia agir, pensar e crescer.

Isso me traz de volta a Tom e à primeira aula do segundo ano. Começamos a aula apresentando-nos. Tom explicou que se formara recentemente em uma faculdade bíblica no nordeste de Missouri e fora para Mizzou a fim de estudar religião com pessoas que não compartilhavam sua concepção do mundo.

Detestei Tom imediatamente. "Que idiota", comentei mais tarde com um colega, que ficou genuinamente confuso, pois Tom lhe parecera um sujeito cordial, simpático. No entanto, eu não queria saber. No que me dizia respeito, Tom era o diabo.

Na ocasião, passou-me despercebido, mas não gostei de Tom porque ele desafiou minha identidade como símbolo cristão. Comparados com os outros alunos em nosso curso, eu e ele tínhamos passados idênticos. Ele era eu.

Se Tom se integrasse em nosso curso como eu me integrara, eu não seria mais o símbolo cristão. E se eu não fosse o símbolo cristão, quem eu seria? Essa identidade possibilitou-me seguir o curso, me deu confiança para formar relacionamentos bons e salutares com os colegas e professores e tornou seguro para mim aprender as ferramentas que essa experiência educacional muito diferente me oferecia.

Tom ameaçava tudo isso. Então ataquei irritado, louco para proteger meu *status*.

Crise de identidade

Se não tomarmos o cuidado de identificar o pecado de Caim em nossa vida e erradicá-lo *antes* que se manifeste, percorreremos a mesma trajetória de pecado que levou Caim a matar o irmão. Qual foi o pecado de Caim? A resposta óbvia é assassinato; ele matou seu único irmão. Mas *por que* Caim fez isso? A resposta superficial é que ficou furioso porque Deus aceitou a oblação de Abel, mas não a sua. Isso gera outra pergunta: Por que Deus receberia a oblação de um, mas não a do outro?

Mais uma vez a resposta óbvia talvez não seja a melhor. Abel ofereceu o melhor de seu rebanho, enquanto Caim deu só parte de suas colheitas. É essa a resposta comum em sermões, comentários e estudos bíblicos. Essa resposta óbvia, porém, não é tão óbvia para as personagens da narrativa. Caim parecia não ter ideia da razão de sua oblação ser rejeitada em favor da do irmão.

A ira de Caim aumentou com a confusão e a mágoa causadas pela rejeição a sua oblação. Em resposta a sua ira, Deus não o repreendeu, mas argumentou com ele: "Por que estás irritado, e por que o teu semblante está abatido? Se tivesses boas disposições não levantarias a cabeça? Se não as tens, o pecado está à tua espreita e é atraído sobre ti, mas tu deves dominá-lo" (Gn 4,6-7).

Deus deu a entender que Caim ainda não havia sido rejeitado, o que é confuso, uma vez que a oblação de Caim fora rejeitada. No entanto, se levarmos a sério o que Deus disse — que Caim ainda não tinha sido rejeitado —, essa conversa era um convite para Caim.

Ponha-se no lugar de Caim. No início de sua história, ele era o filho preferido. Quando nasceu, a mãe lhe deu o nome de Caim — que, em hebraico, significa "força" ou "lança" —, escolhido pela seguinte razão: "procriei um homem, com o auxílio de Javé" (Gn 4,1). Por outro lado, o nascimento de Abel é apresentado como um acréscimo. Até seu nome — Abel — significa "vapor", palavra que descreve o nevoeiro matinal, consumido lentamente pelo sol.

Essa história foi contada e registrada em uma cultura em que o primogênito carregava todo o peso da família, seu passado e seu futuro. Ele era seu historiador e seu legado. Personificava suas esperanças e aquietava seus temores. Caim era claramente esse tipo de filho; até seu nome revela que Caim era forte. Caim era a vida para a família. Caim era futuro, esperança, sonhos. Abel, por sua vez, era um nevoeiro que se vai com o nascer do sol — um acréscimo.

Primogênito. O mais importante. Portador de nossas esperanças. Com base nesses títulos, nesses papéis, Caim criou uma identidade e, como todos fazemos, passou a vivê-la. Da mesma maneira que ser o símbolo cristão determinou meu lugar entre os colegas, o papel de Caim tal qual o primogênito determinou quem ele era e como se relacionava com os pais, com o irmão e com Deus.

Todos temos rótulos que estabelecem nossa identidade em alguma coisa. Alguns de nós baseamos nossa identidade em um relacionamento. Sou cônjuge fiel ou empregado produtivo. Sou pai amoroso ou filho obediente. Sou amigo leal ou pacifista. Essas identidades que assumimos nos ajudam a conhecer nosso lugar no mundo, ensinando-nos como devemos nos relacionar com as pessoas que encontramos. Elas nos dão confiança para agir, nos movimentar, conhecer e ser conhecidos.

De acordo com as Escrituras, porém, esses papéis não contribuem para princípios confiáveis. Quando contamos com nossas identidades para dar sentido a nossa vida, elas se tornam ídolos. Andy Crouch descreveu um ídolo como qualquer coisa que

> apresenta uma reivindicação sobre a natureza fundamental da realidade que acaba estando errada. Como o Deus Criador é o sentido último do mundo, o ídolo é a representação de um deus falso. Implícita ou explicitamente, todos os ídolos representam um desafio e uma reivindicação para a identidade e o caráter do verdadeiro Deus Criador[2].

Basear nossa identidade em qualquer coisa temporal é perigoso justamente porque nossa vida é passageira. Construí minha iden-

---

2 CROUCH, ANDY, *Playing God. Redeeming the Gift of Power*, Downers Grove, IL, InterVarsity Press, 2014, 55.

tidade em torno de ser o evangélico solitário em um curso de pós-graduação com três anos de duração. À medida que envelheço, três anos formam um tempo cada vez mais curto da minha vida. Que tolice foi construir minha identidade em algo tão temporário.

Este é o pecado de Caim: fundamentar sua identidade em outra coisa que não Deus. Quando alicerçamos nossa identidade em um rótulo que assumimos (ou que nos deram), é só uma questão de tempo até alguém desafiar essa identidade[3]. E se ele for um pai melhor? Ou se ela for uma empregada melhor? E se os filhos deles se comportarem melhor ou forem mais bem-sucedidos? E se eu perder meu cônjuge? E se aparecer outro cristão no curso de pós-graduação? E se Deus aceitar a oblação de meu irmãozinho, não a minha? De repente, o rótulo que nos dava tanta segurança e confiança move-se debaixo de nossos pés. Embora isso seja causado pelas areias movediças de nossos projetos para a construção irrefletida de nossa identidade, colocamos a culpa em circunstâncias exteriores — *neles*, na pessoa que desafiou nosso critério de personalidade.

Não é surpresa que reagimos com raiva; nossa reação disfarça o medo de perder o que nos faz sermos *nós*. O problema real, porém, não são as ameaças a nossa identidade, mas, sim, o fato de nos basearmos no que é instável. Não é culpa *deles*. É *nossa* culpa. Construímos nossa identidade sobre a areia.

E se olharmos a história de Caim de trás para a frente? E se Deus não estiver punindo Caim, mas tentando resgatá-lo? "Se tivesses boas disposições, não levantarias a cabeça?" (Gn 4,7).

Caim baseou sua identidade no fato de ser o primeiro — primogênito, mais importante, carregando o peso do futuro da família. Deus quis libertá-lo disso, desafiá-lo a fundamentar sua identidade em Deus, não em seu papel na família.

Assim, Deus rejeitou a oblação de Caim, mas aceitou a de Abel. Deus forçou "o mais importante" a ser "o outro sujeito" por um dia. Ati-

---

3   Como Caim, muitos de nós herdamos nossas identidades de outros — principalmente de nossas famílias. Abordaremos isso quando chegarmos a Herodíades.

vou o sentimento de personalidade de Caim e sua identidade se deslocou, porque ele construíra sua personalidade na areia e irritou-se, como acontece com todos nós quando nossa identidade é desafiada.

Luzes de advertência

A rejeição divina à oblação de Caim não foi rejeição a Caim. Depois da oblação, Deus lhe implorou que fizesse o que era certo, que não cedesse ao pecado que estava à sua espreita, e perguntou: "Por que estás irritado?" (Gn 4,6) — o que torna fácil presumir que a ira de Caim era seu pecado. No entanto, ira não é pecado, mas uma emoção dada por Deus, e tem um lugar na muito boa criação divina.

Os orientadores chamam a ira de "emoção secundária", o que significa que ela é sempre causada por alguma outra coisa. A ira existe para proteger nossas identidades. De acordo com o psicólogo forense Stephen Diamond, ela é "afirmação do direito mais básico do indivíduo de ser um indivíduo". Consideramos a ira uma emoção negativa, mas Diamond rechaça isso, observando:

> Sem a capacidade de sentir ira ou mesmo raiva, seríamos incapazes de nos defender ou defender a quem amamos quando necessário, de lutar pela liberdade e por aquilo em que verdadeiramente acreditamos e que valorizamos. Seríamos incapazes de intimidar o mal, ficando até mesmo mais vulneráveis a ele[4].

A ira é como a luz de advertência em um painel de instrumentos. Quando a sentimos intensificar-se em nosso peito, é sinal de que alguém ou alguma coisa desafia nossa identidade. Ou seja, a ira significa que algo está desesperadamente errado. É o aperto que você sente

---

4 DIAMOND, STEPHEN A., The Primacy of Anger Problems, *Psychology Today*, 18 jan. 2009. Disponível em: <www.psychologytoday.com/blog/evil-deeds/200901/the-primacy-anger-problems>. Acesso em: 16 nov. 2021.

quando alguém que você ama é ameaçado, é o calor que lhe sobe ao rosto quando ouve falar que está havendo tráfico humano em sua cidade.

A ira também é irracional, como a raiva que explode quando alguém o fecha no trânsito, ou insulta seu time favorito, ou manda todo dia o filho para a escola com uma lancheira perfeita, ou ainda tem a audácia de escolher o mesmo curso de pós-graduação que você.

A ira não lhe diz o que ela está encobrindo. Há uma causa justa ou ela encobre mágoa, insegurança ou trauma? A ira não pensa, apenas protege. Não diz se a identidade que está sendo desafiada foi construída em terreno sólido ou em areia movediça. Ela só sabe que algo está errado.

É por isso que, quando nos irritamos, precisamos levar em conta a advertência divina a Caim: "Se tivesses boas disposições não levantarias a cabeça? Se não as tens, o pecado está à tua espreita e é atraído sobre ti, mas tu deves dominá-lo" (Gn 4,7).

Cuidado! Sua identidade foi desafiada!

Cuidado! Você está prestes a reagir agora e sua reação tem o potencial de trazer vida. Se você não dominar a ira, porém, ela o devorará.

A maioria de nós *não* tem domínio sobre a ira. Ou a deixamos explodir ou a reprimimos, escondendo-a sob a vergonha e o medo. Quer explodindo quer escondendo a ira, muitos de nós não a reconhecemos. Nós a tratamos como um problema a resolver em vez de um convite de Deus.

A ira é uma oportunidade para parar e descobrir o que está por trás dela. É uma chance de cavoucar dentro de nós mesmos para ver sobre o que fomos construídos: terreno sólido ou areia. Deus queria isso para Caim. Deus interveio em seu mundo para convidá-lo a uma vida melhor, uma imagem maior de *si mesmo*. Deus queria que ele ficasse livre do fardo de ser o primogênito, livre do fardo da história e do futuro de sua família. Queria que ele fosse livre para ser generoso em vez de egoísta; que ele fosse — literalmente — fonte de vida, e não de morte.

Não admira que Deus argumentasse com Caim. E como foi trágico que Caim decidisse apegar-se a sua identidade superficial em vez de esquecer e aceitar a pessoa que Deus o chamou para ser!

Um outro sofre uma derrota

A recusa de Caim ao convite divino de parar e considerar sua ira teve consequências terríveis — não apenas para ele, mas para todo o seu mundo. O mesmo vale para nós. Podemos não nos tornar assassinos, mas ainda assim o custo de nossa ira é devastador — para os outros em nossa vida e para nós. No Sermão da Montanha, Jesus advertiu:

> Ouvistes o que foi dito aos antepassados: "Não matarás!". Pois quem matar será responsável em juízo. Mas eu vos digo: Quem tiver raiva do seu irmão será responsável em juízo; quem o chamar de "imbecil" será responsável diante do tribunal superior; e quem o chamar de "excomungado" merecerá o castigo do fogo da geena. (Mt 5,21-22)

A advertência de Jesus soa um tanto extrema: "Sempre ouviste que assassinato era ruim, mas eu lhe digo que até *ter raiva* de alguém é igualmente ruim!". Com certeza Jesus usa uma hipérbole nesta parte do sermão, mas essa é mais uma razão para levar suas palavras a sério. Como uma pessoa sensata iguala ira a assassinato?

Se a ira é uma luz de advertência, uma indicação de que alguém desafia minha identidade essencial, importa muito qual é a minha reação. Como vimos na história de Caim, a ira deve ser um convite para parar e considerar exatamente que identidade está sendo desafiada, decidindo se vale a pena lutar por essa identidade. Você sabe o que desencadeia sua ira? É quando está dirigindo ou com determinado colega de trabalho ou membro da família? Quais são os sinais de alerta de que está ficando irritado? Percebe que está tenso ou rangendo os dentes? Seu tom de voz fica ríspido? Começa a recuar ou se prepara para lutar? Seus olhos ofuscam e você fica ofegante? Você se sente tenso?

Se entendermos os sinais de alerta de nossa ira, aprenderemos a fazer uma pausa, descansar um pouco, olhar a situação de fora e ouvir Deus perguntando: "Por que estás irritado?". Começamos determinando se nossa ira é justa ou reacionária. Então, necessitamos de um plano para reagir a ela. Não somos bons nesse negócio de ficar irritados, por isso precisamos de algumas práticas: dar um tempo, sair para correr, manter um diário, ouvir música com volume bem alto.

Sou um processador externo e costumo viver com o coração na mão. Minha tendência é explodir e me exceder. Então aprendi que, quando sinto que a ira me dominar, tenho de me afastar da situação e dar a mim mesmo espaço para examinar por que estou irritado. Cavo debaixo dessa ira e descubro o que provocou tamanha agitação em mim. E faço um plano para responder com amor, graça e verdade em vez de atirar pedras.

Caim não fez uma pausa. Recusou-se a ouvir o sussurro de Deus através de sua ira. Recusou-se a ver suas circunstâncias como oportunidade, em vez de como injustiça. Caim, o primogênito, Caim, o número um, foi reduzido a número dois. Ao aceitar a oblação de Abel, Deus desafiou a percepção que Caim tinha de si mesmo.

Como seria maravilhoso se Caim tivesse feito uma pausa! Imagine se ele tivesse escutado Deus dizer: "Se tivesses boas disposições não levantarias a cabeça?" (Gn 4,7). Imagine se Caim tivesse entendido que a vitória de Abel não significava necessariamente sua derrota — que Deus podia aceitar *ambos*. Imagine se Caim tivesse percebido que seu *status* como primogênito não era uma posição a explorar, mas um privilégio a aproveitar para o bem de sua família — inclusive de Abel. Imagine se Caim tivesse feito uma pausa e compreendido que esse Deus não respeitava posição, que ele era o Deus de irmãos mais novos e nações escravas. E como esse Deus — que criou os céus e a terra — não é nenhum indivíduo parcial com pessoas e posições. Foi Caim que entendeu tudo às avessas[5].

---

5 A incapacidade de Caim entender afetou seu relacionamento com Deus e também com o próximo. Como nos lembra o teólogo Miroslav Volf, o orgulho estraga nosso louvor a Deus e, portanto, nosso entendimento de quem realmente somos: "Deus não precisa de nosso louvor para ser Deus ou 'sentir-se' Deus; nós precisamos louvar a Deus para sermos realmente nós mes-

No entanto, Caim não fez uma pausa. Sabia que não podia atacar Deus, mas não se conformou em ser o número dois. Assim, em vez de permitir que Deus mudasse sua percepção e reorganizasse sua identidade, Caim se excedeu.

Há mais de uma maneira de ser o número um. Deus convidou Caim para fazer o que é certo. Em vez disso, Caim matou Abel, tornando-se número um à revelia.

Caim personificou a advertência de Jesus a nós: "Ouvistes o que foi dito aos antepassados: Não matarás!, pois quem matar será responsável em juízo. Mas eu vos digo: Quem tiver raiva do seu irmão será responsável em juízo" (Mt 5,21-22). Quando estamos irritados, devemos fazer uma pausa e considerar que parte de nossa identidade está sendo desafiada. E devemos considerar se vale a pena lutar por essa parte ou se devemos nos reorganizar em Deus e tão somente em Deus.

Fantasmas que conhecemos

Tom desafiou minha identidade de "símbolo cristão" e não percebi. Tudo que senti foi minha ira. Como Caim, portanto, deixei minha imediata aversão inflamar-se. Tom e eu éramos conhecidos, colegas de classe, mas não amigos.

E meus amigos estavam certos: Tom era realmente um bom sujeito. Com o tempo, quando ele passou a fazer parte de nosso círculo de amigos do curso de pós-graduação, não pude deixar de gostar dele. Ele era amável, modesto, divertido e inteligente. E, para minha surpresa, sua presença não custou meu lugar entre meus amigos.

No ano seguinte ficamos íntimos — apesar de meu antagonismo. Hoje Tom e sua esposa, Cassie, são meus melhores amigos. Seus filhos são nossos afilhados. Tom também é pastor e na última década tem sido meu pastor, essencial para minha jornada espiritual.

---

mos — criaturas feitas à imagem de Deus". Volf, Miroslav, *Exclusion and Embrace. A Theological Exploration of Identity, Otherness, and Reconciliation*, Nashville, TN, Abingdon, 1996, 95.

Acompanhou-me em alguns dos momentos mais difíceis da minha vida e foi meu padrinho de casamento.

Se dependesse de mim, teríamos perdido essa fraternidade. Não consigo imaginar minha vida sem Tom. Não sei que tipo de pessoa eu seria hoje, mas tenho certeza de que não seria o homem que sou. Contudo, esse quase foi o custo de minha ira.

Jesus disse que, quando preferimos odiar a fazer uma pausa, estamos sujeitos ao mesmo julgamento que quando assassinamos. Isso porque, quando reagimos com raiva, impedimos a capacidade que a outra pessoa tem de desafiar nossa identidade. Permitimos que ela seja ela mesma somente na medida em que sua personalidade concorde conosco.

O assassinato se origina dessa negação de humanidade. Eliminar outras pessoas também me prejudica. Se não permito que me desafiem, se insisto em me proteger contra qualquer coisa que ameace minha identidade, como posso escutar quando Deus me desafia? Permitir que a ira se transforme em ódio prejudica meu relacionamento com Deus, com meu próximo e comigo mesmo.

Por trás da história de Caim está uma verdade que relutamos em admitir: nossa identidade *precisa* ser desafiada. Todos construímos nossa vida com base em rótulos e identidades que não são a visão de Deus para nós — e, porque nos ama, ele pressiona aquelas personalidades frágeis que construímos, desafiando-nos e nos convidando a abandonar nossa vida degradada construída sobre areia movediça.

Deus nos convida, como convidou Caim, a basear nossas identidades em Jesus, um sólido fundamento que não mudará, independentemente dos desafios que a vida nos trouxer. Quando construímos vidas que não dependem da forma como os outros nos percebem e do que esperam de nós, encontramos a liberdade para amar os outros — pretendida por Deus. Também encontramos a liberdade para responder com generosidade a nossos amigos e a nossos inimigos, para celebrar quando temos pouco ou muito, para trabalhar pelo bem de todos, não só pelo nosso bem.

Assim, da próxima vez que a ira crescer em seu peito, lembre-se da advertência divina a Caim: "Por que estás irritado? Se agires certo serás aceito. Mas se te recusas a fazer o certo, cuidado! O pecado está à tua espreita, ansioso para controlar-te. Deves subjugá-lo e dominá-lo".

3
DALILA E SANSÃO

> [*Dalila*] *o fez dormir sobre
> os seus joelhos e chamou um homem que
> cortou as sete tranças da sua cabeça.*
>
> (Jz 16,19)

Besta

O monstro dormia, tranquilo como um bebê, no colo de Dalila. Em silêncio, o escravo dela entrou na sala, entregando-lhe sua tesoura, e saiu igualmente calado. Com cuidado, Dalila começou a cortar a primeira trança.

O motivo não era só Sansão ser hebreu. De fato, eles eram um povo atrasado — uma nação de pastores, com sua cerâmica tosca, seu metal maleável e suas narrativas com idade que não chegava a um milênio. No entanto, eram um povo hospitaleiro, e Dalila ganhou uma fortuna vendendo-lhes os belos pratos gregos que fazia. Além disso, o pai dela foi pastor.

Os hebreus podiam ser primitivos, mas seguiam o caminho de seu deus. Sansão não se encaixava nem mesmo entre os hebreus. Não guardava nenhuma de suas leis — alimentava-se de carcaças de animais, deitava-se com mulheres estrangeiras. Sansão não era nem filisteu nem hebreu. Pertencia a uma época diferente, em que as linhas entre as coisas eram indistintas. Talvez o que o povo sussurrava fosse verdade. Talvez ele fosse um semideus — o próprio Hércules saído da lenda.

Dalila fez uma careta com nojo do fedor de Sansão, terroso e sujo. Se ele era meio alguma coisa, muito provavelmente era metade besta. Os homens eram criaturas de razão, de ideias e planejamento. Aquele bruto era escravo de seus desejos. Não podia fazer nada a não ser o que o corpo exigisse dele a cada momento. Era certo que ela o tosquiasse como tosquiaria uma besta. Que sorte ele ter se mostrado fácil de domesticar.

Dalila jogou cuidadosamente a primeira trança de lado, então levantou a segunda.

Ferro

Sansão se mexeu. Dalila ficou imóvel, prendeu a respiração, mas ele só se virou e voltou a se acomodar em seu colo. Dalila exalou lentamente. Foi seu vinho mais forte que arrastou Sansão a um sono tão profundo.

A tesoura era de ferro sólido, as lâminas afiadas. Apesar de velha, não tinha ferrugem. Dalila mantinha as lâminas bem lubrificadas; aquilo era tudo que lhe sobrara do avô, de sua infância. Lembrava-se do dia em que saíram de Micenas, os poucos animais que restavam dos rebanhos outrora numerosos do avô, vendidos para pagar a passagem. No entanto, ele se recusara a vender a tesoura. Seu avô sempre se vangloriava de que eles tinham sido os primeiros pastores na região a usar tesoura de ferro.

O ferro, porém, não os salvou da pobreza. Dalila tinha sete anos quando eles foram para Canaã. O avô não sobreviveu à viagem e o pai dela encontrou as uvas cultivadas no vale de Sorec. No entanto, um pastor grego sabia bastante sobre fabricação de vinhos para apresentar uma safra muito superior à produção hebraica nativa. Quando Dalila tornou-se mulher feita, seu pai era mais rico do que haviam sido em Micenas.

Dalila pegou gosto pela nova vocação. Preferia os escravos que esmagavam a uva no lagar aos pastores maliciosos que tinham sido empregados de seu avô. Estava feliz em aprender o ofício do pai e em assumir os negócios depois que ele morreu. A riqueza, ela descobrira, pesava mais que a feminilidade em muitas coisas, inclusive no vinho.

Ela sorriu com escárnio enquanto pensava: "A riqueza revela como os homens são tolos. Sendo alheia ou própria, frente à riqueza eles se revelam como criaturas desprezíveis e tolas que são. Não devo usar véu. Deixarei que vejam um pedacinho de minha carne e imaginem minhas curvas e eles não pensarão em outra coisa. Posso tomar tudo o que quiser e eles me agradecerão. Haverei de enganá-los e eles ainda se gabarão aos amigos que têm o famoso vinho do vinhedo de Dalila. Deixa-os beber em belas taças gregas e eles odiarão as canecas toscas que suas esposas e mães fizeram. Insistem para que lhes vendas taças também e ficarás ainda mais rica, mais poderosa, vendendo civilização para os bárbaros".

Dalila olhou de novo para a tesoura. "O vinho não tem gosto de vinagre como o deles. Eles têm taças bem cozidas adornadas de cotovias e cegonhas. Mas os hebreus não devem aprender o segredo do ferro. Alguns dentre eles são guerreiros terríveis — mesmo os que não têm a força de deuses. Se eles tivessem espadas e escudos de ferro, meu povo poderia ser enxotado de nosso novo lar mais depressa do que fugimos da Grécia."

Casamento

Ainda criança, Dalila ouviu falar de Sansão. O vilarejo dele ficava a apenas uma caminhada matinal dos vinhedos de seu pai e já circulavam histórias de sua grande força. Ele tinha fama de bruto — barulhento, egoísta, grosseiro. Roubava pão e às vezes destruía um lar filisteu. Comentava-se que certa vez ele roubou quatro carneiros e deu uma festa para os amigos. Os príncipes da Filisteia chamavam-no de agitador, embora Dalila ouvisse dizer que ele importunava o próprio povo com a mesma frequência que importunava o dela. Ele era uma lenda local, mas um aborrecimento menor, embora irritante.

Isso, porém, foi antes do casamento dele.

Sansão conheceu sua mulher, Kala, em uma viagem a Timná, vilarejo filisteu mais próximo do território hebraico. O pai dela possuía o vinhedo mais antigo do vale e ajudara o pai de Dalila a começar sua produção de vinho, presenteando-o com algumas de suas uvas. Os dois homens faziam um excelente vinho e cultivavam uma espécie de rivalidade, mas prova de que o relacionamento deles continuava amigável era o fato de Sansão ter convidado o pai de Dalila para fornecer parte do vinho servido em seu casamento com Kala.

Dalila cresceu com Kala. Ao contrário de Dalila, Kala não tinha tino para os negócios; dela apenas esperava se casar — talvez com um dos ótimos filhos dos príncipes da vizinha Acaron. Quando ouviu dizer que Kala conhecera Sansão, Dalila mal pôde acreditar. Menos ainda pôde acreditar que o pai de Kala concordara com o casamento. O motivo não era a necessidade de mais compradores hebreus para seu vinho. E com certeza ele sabia que os hebreus detestavam os casamentos mistos tanto quanto o próprio povo. "Kala teria se impressionado com Sansão?", pensou Dalila. Nunca ouvira falar nada a respeito da inteligência de Sansão — apenas sobre sua grande força. Só na cerimônia de casamento lhe ocorreu que o pai de Kala devia ter concordado por medo.

O casamento teve sete dias inteiros de festa. Se os hebreus faziam alguma coisa bem era celebrar. Sansão chegou com os pais, que durante toda a festa pareciam envergonhados. Ele caminhava como se fosse dono da terra e do céu. E ele era atraente — Dalila não podia negar. Era uma coisa bruta, primitiva, o tipo de atração que ela sentia por um belo garanhão. Mesmo tendo se lavado recentemente, ele ainda cheirava a suor e animal, como se tivesse limpado a civilização e deixado apenas sua personalidade desprezível.

Quando Sansão chegou, o pai de Kala saiu para cumprimentá-lo. Sansão não o abraçou, apenas perguntou:

— Onde está minha noiva?

Foi então que Sansão notou os príncipes de Acaron — trinta ao todo. Embora visse suas espadas, ele apenas riu e insistiu que as festividades começassem. O vinho foi servido e a festa começou. Dalila nunca esteve em uma celebração mais tensa.

Quase no fim da primeira noite, um Sansão embriagado levantou-se cambaleante e aproximou-se dos homens de Acaron. Vários agarraram a espada, mas Sansão apenas riu, ríspido e cruel:

— Embainhai vossas espadas — zombou. — Gostaria de propor-vos uma aposta. Vós, filisteus, vos julgais tão sábios, então solucionai meu enigma. Dou-vos até o fim da festa. Solucionai-o e darei a cada um de vós duas vestes — uma de linho e outra tão fina que a usareis no próximo casamento que conspurcardes com vossa presença vulgar. Se fracassardes, me dareis trinta de cada veste. Que dizeis, sábios de Acaron?

O silêncio reinou por alguns momentos antes de um dos mais velhos mostrar-se à altura do desafio:

— Os deuses jamais pensaram em criar um dia para um hebreu confundir filisteus. Propõe o teu enigma, Sansão. Nós te daremos tempo suficiente para desfrutares tua nova esposa antes de o solucionarmos e te deixarmos pobre como um mendigo.

Sansão sorriu. Embriagado, parecia mais raposa que homem.

— Muito bem. Eis o vosso enigma. Do comedor saiu alguma coisa para comer. Do forte saiu alguma coisa doce. O que sou eu?

Mais uma vez houve silêncio. Dalila viu quando os homens começaram a sussurrar entre si, ficando mais agitados e frustrados enquanto falavam. Sansão virou as costas e lhes lançou um último insulto:

— E sabeis que não aceitarei as capas que estais vestindo. Quero alguma coisa que ainda não tenha vosso fedor.

Ninguém a não ser Dalila percebeu a noiva de Sansão encolhida de medo em um canto.

No quarto dia, Dalila servia vinho quando Kala agarrou seu braço. Parecia exausta, mas Dalila também viu terror em seus olhos dardejantes. Kala puxou Dalila para fora da tenda e começou a chorar em seus braços. Os príncipes de Acaron tinham-na procurado e exigido que descobrisse a resposta ao enigma de Sansão. Ameaçaram queimar vivos tanto ela e seu pai se ela se recusasse a fazer isso.

— Mas não posso obter-lhes o que querem. Sansão não fala comigo. Ele bebe. Amaldiçoa nosso povo. E ele... — desesperou-se de novo.

Dalila, porém, conhecia os homens e sua lascívia. Ergueu a amiga e disse:

— Os homens são estúpidos. Criaturas superficiais dominadas por seus desejos!

Logo Kala aprendeu com Dalila como obteria a solução do enigma de Sansão.

Na manhã do último dia da festa, Sansão voltou a insultar os príncipes de Acaron, lembrando-lhes de que só tinham até o crepúsculo para solucionar o enigma. Um deles levantou-se e anunciou:

— Que coisa é mais doce que o mel, e que é mais forte que o leão?

Dalila viu o rosto de Sansão enrubescer de raiva, os músculos dos ombros e dos braços tensos e abaulados.

— Não admira que minha mulher não tenha nenhum desejo por mim. Isso não é sabedoria, mas traição! Se não tivésseis lavrado com a minha novilha, não teríeis achado a solução do meu enigma.

O príncipe protestou com zombaria na voz:

— Ora essa, Sansão. Ninguém compartilhou o leito de tua mulher; mas, como ela estava ansiosa para trair-te, talvez devas vigiá-la de perto. Não há por que ser tão amargo.

— Na verdade, não estou nada além de honrado — a voz calma de Sansão contrastava com a cor de seu rosto e a postura de seu corpo. — Por favor, ficai. Gozai a hospitalidade de meu sogro. Voltarei em breve com vossas vestes.

Assim que Sansão saiu, ouviu-se a risada dos príncipes de Acaron enxotando-o da tenda. Eles deliberaram se deveriam ir embora, mas nenhum deles podia resistir a voltar para casa com um troféu do poderoso Sansão em pessoa.

O sol já estava se pondo quando Sansão irrompeu novamente na tenda principal, carregando duas grandes trouxas de roupa. Jogou-as no meio da mesa dos príncipes de Acaron, espalhando comida e bebida por toda parte.

— Eis a recompensa por vossa traição!

Um dos homens levantou-se, tendo na mão uma veste de linho pontilhada de vermelho, e gritou:

— Esta aqui tem o selo de Ascalon!

Os príncipes de Acaron abriram suas novas vestes e descobriram que estavam impregnadas de morte.

Voltaram-se para Sansão, que berrou para todos eles:

— Pedi a vossos irmãos de Ascalon para ajudar a mostrar meu apreço por roubardes minha noiva na festa do meu casamento. Eles relutaram, mas, depois de discutirmos, compreenderam.

Outro filisteu questionou:

— Mataste os príncipes de Ascalon?

Sansão deu um sorriso forçado, cruel como um chacal.

— Como eu disse, discutimos. Relutaram, mas compreenderam. Vós vos gabais da sabedoria filisteia? Agora trinta de vossos príncipes sabem os segredos da sepultura. Cumpri minha palavra. Pergunto-vos agora, príncipes de Acaron, desejais discutir mais comigo? Descobriremos mais príncipes que precisam de vestes de casamento? Talvez em Gaza ou Azoto? O que dizeis?

Diante da fúria inflamada de Sansão — e segurando nas mãos a prova de sua violência —, os príncipes de Acaron desviaram o olhar e nada disseram. Ele virou-se para o sogro e disse com veemência:

— Não vou dividir minha cama com estes cães. Fica com tua filha. Ela não é minha.

Com isso, a besta saiu enraivecida, deixando para trás um silêncio chocante. O único som na sala era o do choro de Kala.

Leão

Dalila pegou a quarta trança do cabelo de Sansão e pensou como ela se parecia com uma corda grossa, o que era apropriado, pois o estava conduzindo como a um cão pastor. "Ou um bode", pensou com um sorriso nos lábios.

Os olhos de Sansão pestanejaram e ele resmungou. Dalila começou a acariciar-lhe o rosto, os braços, o peito, sussurrando como a mãe ao filho:

— Calma, dorme agora, Sansão. Nada te perturba. Calma, calma.

Como a palpitação em seu peito não o acordou? Ela não estava nem na metade; se ele acordasse, com certeza a mataria. "Ele é menos um bode na corda que um leão selvagem que faz seu covil entre os homens", Dalila pensou. No entanto, o leão acomodou-se mais uma vez em seu colo e ela preparou novamente a tesoura.

"E eu não sou filha de Dionísio?", lembrou-se dos tempos em que ela e Kala eram praticamente irmãs, quando seu pai ainda estava aprendendo a fazer vinho. As duas corriam entre as fileiras de uvas, rindo, fingindo ser bacantes bêbadas com o vinho de seu senhor Dionísio. À noite, o pai de Kala contava-lhes histórias de Dionísio, senhor dos vinhedos.

A história favorita dele sempre horrorizava Kala e Dalila: um rei tentara banir o culto a Dionísio e, por isso, um de seus conselheiros de confiança — que era fiel a Dionísio — conduziu-o à floresta. Um grupo de bacantes, inclusive a mãe do rei, atacou-o. Estavam divinamente frenéticas e, pensando ser ele um leão, o estraçalharam.

Olhando para Sansão, adormecido em seu colo, Dalila finalmente entendeu a história: "Sou uma bacante e aqui está um embusteiro, nem leão nem rei. O Senhor do Vinho em pessoa entregou-me este incendiário de vinhedos, este violador de juramentos".

Dalila aplicou a tesoura à quarta trança de Sansão. Lembrou-se de como atrair-lhe a atenção não tinha sido uma tarefa difícil. Ele gostava de vinho e de filisteias, e ela era uma filisteia que vendia vinho.

Cativá-lo também fora fácil. Ela sabia que os homens sempre querem o que não podem ter, por isso simplesmente ignorou suas investidas. Quando ele se tornou mais insistente, ela protestou pudicamente. Como seu pai já havia morrido e ela não tinha irmãos,

Sansão precisava ir diretamente a ela. Não podia comprá-la como comprara Kala. E, assim, toda vez que Dalila o recusava, ele ficava mais determinado.

Sansão pareceu não a reconhecer, o que ela usou em proveito próprio. Fingia estar admirada com a grande força dele. Ria de suas tentativas de ser inteligente. Simulava interesse quando ele explicava o funcionamento do mundo — como se ela nunca tivesse saído do vinhedo. Logo ele amarrou a corda dela ao redor do próprio pescoço e, ainda assim, se julgava o senhor.

Quando o pegou na armadilha, Dalila começou a trabalhar para descobrir o segredo de sua força. Em meio a muitos sussurros, ela exclamou com voz melosa:

— Deves ser mais forte que o próprio Hércules. Qual dos deuses é teu pai? És filho de Javé?

Ele riu dela.

— Pareces hebreia. Ouço-as sussurrar que sou um dos Decaídos, do tempo de Noé. Gostarias, Lilah, se eu fosse um semideus de teus contos?

Ela não gostava do apelido Lilah, palavra hebraica para "noite". A mãe de Sansão tinha lhe dado o nome em homenagem a Shamash, o Sol, por isso ele achava muito inteligente o apelido que inventara para ela. Homens que acreditam ser mais inteligentes que as mulheres que eles desejam estão realmente em uma enrascada. E, na experiência de Dalila, os homens sempre acreditavam ser mais inteligentes. Então ela sorriu docemente, com admiração por seu apelido, e protestou:

— Eu gostaria da verdade. És um semideus?

Ele jurou não ser, e Dalila percebeu a verdade em suas palavras. Fosse qual fosse, o segredo de sua incrível força estava em outro lugar, o que era uma boa notícia. Ela o importunou, tomando cuidado para ser brincalhona a princípio e ir ficando mais impaciente quando ele negava. Finalmente Dalila se aborreceu, deixando-o correr atrás dela.

— Lilah! Que importância tem de onde vem minha força? Queres me trair?

Agindo com cuidado, ela escondeu a verdade na sensualidade:

— Sim, é claro. Dize-me como alguém pode amarrar-te?

Olhou-o nos olhos e seu sorriso malicioso convidou-o a acreditar no que ele queria:

— Alguém quer preparar uma armadilha para ti.

Ele deu uma risada rouca e provocou:

— Amarra-me com sete cordas de arco, que ainda não tenham secado —; quanto mais novas melhor. Ficarei indefeso diante de ti.

Ela sabia que era mentira, embora houvesse uma sementinha de verdade naquilo.

Foi bem fácil adquirir as cordas de arco e, quando Dalila as apresentou a Sansão, ele lhe deu um sorriso sedutor e deixou que a mulher o amarrasse. Ela o provocou, dançando em volta dele. De repente, simulou medo e correu para outra sala. Quando Sansão a chamou, ela exclamou:

— Tem alguém aqui!

Rápido como uma pantera, ele estava a seu lado, tendo arrebentado as cordas como se fossem gravetos.

— O que ouves?

Ela rompeu em lágrimas de crocodilo:

— Meus conterrâneos vieram nos matar! Eu sei!

Quando Sansão terminou de inspecionar o local — não encontrando nada, obviamente —, ela se retirou para seu quarto, traumatizada demais para dormir. No dia seguinte, em vez dos cumprimentos de herói que ele esperava, Sansão foi recebido pela fúria de uma mulher enganada. Dalila não queria falar com ele, apesar de seus inúmeros pedidos de desculpas. Finalmente Sansão disse:

— Amarra-me com novas cordas. Serei tão fraco quanto uma mulher.

Por causa desse último comentário, ela o esbofeteou, mas de brincadeira, sua ira dando lugar ao flerte. Sabia que Sansão ainda estava mentindo, mas também que era questão de tempo.

Novamente ele arrebentou as cordas, que pareciam linhas ao redor de seus braços. Mais uma vez, falsa fúria, pedidos de desculpa e promessas de reparação foram o resultado. Dessa vez ele jurou:

— Se teceres sete tranças da minha cabeça em uma urdidura de teia, ficarei indefeso.

Essa mentira parecia mais verdadeira que qualquer coisa dita antes. O segredo teria alguma coisa a ver com o cabelo dele? Ainda assim, Dalila não se surpreendeu quando ele se soltou do tear, alerta e pronto para a violência.

Dalila tinha certeza de que estava chegando perto, por isso expulsou-o de sua casa, para deixá-lo suplicar à sua porta durante um ou dois dias. Que ele pensasse tê-la perdido. Que seu corpo se inflamasse ainda mais de desejo pelo fruto que ainda não experimentara.

Nesse ínterim ela mandaria um recado a seus empregadores para eles não pensarem que ela fracassara em sua tarefa.

Mulher

Dalila já tosquiara mais da metade do cabelo da besta. Segurou com firmeza a tesoura e ergueu a quinta trança.

Os príncipes dos filisteus a procuraram só depois de Sansão destruir Gaza; mais uma vez, não conseguiram derrotá-lo com espadas. Eles o caçavam desde que matou trinta príncipes de Ascalon, embora temessem avançar muito em Israel para procurá-lo. Dalila tinha certeza de que temiam Sansão.

Ninguém esperava que ele voltasse a procurar Kala, muito menos a extensão de sua cólera quando soube que o pai dela a dera em casamento. Em represália, Sansão amarrou tochas nas caudas de raposas e soltou-as aterrorizadas pelas plantações dos filisteus. O pai de Kala perdeu todo o seu vinhedo, e Dalila, grande parte do dela. Muitos dos grãos que cercavam Acaron queimaram e os príncipes da cidade ficaram tão enfurecidos que mataram Kala e o pai dela em retaliação.

A parte racional de Dalila sabia que eles consideraram esse o único jeito de ferir Sansão. A amiga, filha e irmã de Kala jurou vingança contra o homem que causara tudo aquilo, o homem que julgava dirigir o único carro de Apolo pelo céu e que, havia muito tempo, decidira que tudo que via era seu por direito.

Os filisteus ficaram mais arrojados ou talvez mais desesperados. Foram avisados de que Sansão estava escondido em Judá e, por isso, os exércitos de todas as cinco cidades avançaram rapidamente para capturá-lo. Os judaítas estavam tão aterrorizados que entregaram aos filisteus um Sansão amarrado. Sansão matou mil homens naquele dia — alguns disseram que ele fizera isso com as mãos nuas e com uma espada roubada; outros afirmaram que foi com a queixada que arrancou de uma mula de carga.

Depois disso, Sansão andou por onde quis. Apareceu em Gaza, dentro do território filisteu, para visitar um bordel de certa fama. Os homens da cidade organizaram uma emboscada, concordando em atacá-lo assim que o dia clareasse. Dalila não sabia ao certo qual era o plano deles — talvez confundi-lo nas ruas da cidade.

Não importava, porque Sansão saiu do bordel e foi para a porta da cidade, exigindo que a abrissem para ele sair. Quando se recusaram, ele arrancou as portas das dobradiças e usou-as para demolir a torre de vigia e a maior parte da muralha que cercava a cidade. Saiu com as portas às costas, correndo com a mesma facilidade de um homem que corre brincando com seu filho.

Dalila ouviu dizer que as portas foram exibidas como troféu em Hebron. Sansão correu para lá naquela mesma noite e entregou-as a Judá como agradecimento por ajudá-lo no ardil contra o exército filisteu.

Não muito depois de Sansão destruir Gaza, Dalila soube que ele voltara para casa. Ficou surpresa quando os príncipes dos filisteus a procuraram. Sabiam que a mulher atraíra a atenção de Sansão. Os príncipes de todas as cidades ofereceram-lhe mais de mil moedas de prata cada um para que ela lhes contasse o segredo da força dele.

Dalila não se importava com o dinheiro — embora não o recusasse. Se queriam pagar-lhe para vingar-se, ainda melhor. Tinha decidido acabar com Sansão no mesmo dia em que Kala morrera. Ela examinou a tesoura de novo quando a quinta trança caiu no chão. "Tolos! Espadas são para homens. Bestas requerem um instrumento diferente."

Verdade

Nesse momento, Sansão se mexeu de novo no colo de Dalila, expondo as duas últimas tranças para sua tesoura. A mulher deu um sorriso sedutor, pois para ela era quase como se ele quisesse ser conquistado. Ele não era idiota; até mesmo Dalila tinha de admitir que era astuto. No entanto, como todos os homens, era tolo, escravo dos próprios desejos. Ela não podia acreditar que Sansão desconhecesse suas intenções. Contudo, ele acabou por lhe contar seu segredo, como Dalila sabia que ele contaria.

Ela mandou chamá-lo — e o mensageiro não precisaria se aventurar muito longe do vinhedo para achá-lo remoendo seu rancor. Quando ele foi até Dalila, ela estava com a aparência impaciente, rude, de amante magoada. Antes que Sansão pudesse tocá-la, ela perguntou:

— Por que dizes que me amas?

Dalila pintou um fino véu de raiva sobre a mágoa — e a mágoa foi pintada sobre a necessidade.

— Se me amasses de verdade, me contarias teu segredo.

Sansão achou aquela mistura irresistível e num instante estava de joelhos diante dela:

— Lilah, me perdoa. Mas por que protestas tanto? Sabes que já fui traído antes. Não devo ficar desconfiado por roeres isto como um... — percebeu que estava prestes a compará-la a um cão e mudou de tática. — Só minha mãe conhece meu segredo.

— Não me importa de onde vem tua força. Mas não confias em mim. Não podes me amar se não confias em mim. — Dalila fez beicinho, disfarçando para não rir. — Se amas tanto tua mãe, talvez possas compartilhar a cama dela esta noite.

Sansão fraquejou e Dalila viu que vencera. Ficou em silêncio até que finalmente ele sussurrou:

— Uma navalha jamais tocou minha cabeça. É esse meu segredo.

Assim que ouviu isso, percebeu que era verdade. Agora que o segredo dele estava exposto, ela precisava ter mais cuidado do que nunca.

— Nunca cortaste o cabelo? Isso é mais absurdo que as cordas novas de arco ou teares. — Fazendo beicinho, acrescentou: — Ainda mentes para mim.

— Sou nazireu! — O odre se abriu e Sansão não conseguiu impedir a torrente de palavras. — Antes de eu nascer, nosso Senhor instruiu meus pais a me consagrarem. Nenhuma navalha pode tocar-me a cabeça. Não posso tomar vinho. Não posso comer nada impuro.

O choque ficou estampado no rosto de Dalila:

— És um tremendo... Do que te chamaste? Nazireu?

— O Senhor não me consultou. Nem meus pais. A vida do nazireu é uma vida de dizer não... — Sansão riu sem querer. — Eu gosto de dizer sim! — Voltou a falar sério: — O Senhor está comigo. É essa a causa de minha força. O cabelo é a única parte de meu voto que permanece intacta. Se fosse cortado, não tenho dúvida de que o Senhor me abandonaria. Então, esse é meu segredo, Lilah. Agora sabes. E agora sabes que tens meu amor.

Dalila sorriu com doçura e beijou Sansão ardentemente. Quando ele começou a tocá-la, ela se virou como se estivesse confusa e bateu palmas, chamando um escravo:

— Traze-nos vinho e prepara uma festa, mas vê que não sejamos incomodados por ninguém esta noite. — Seu sorriso prometia tudo a Sansão. — Hoje celebramos!

O escravo voltou depressa com o vinho e assegurou a Dalila:

— Tudo está como ordenaste. Hoje será uma noite que vós dois lembrareis para sempre!

Enquanto Sansão dava um sorriso lascivo, Dalila agradeceu a Dionísio. O escravo lembrou-se de seus sinais codificados e o recado foi dado; os príncipes dos filisteus chegariam na calada da noite. Agora ela tinha trabalho a fazer.

Dalila encheu duas de suas mais belas taças com seu vinho mais forte. Deu uma a Sansão e ergueu a outra:

— Que todos os deuses abençoem este nazireu.

Ele deu uma gargalhada e esvaziou a taça. Dalila a encheu de novo.

Logo a taça estava jogada perto do corpo adormecido de Sansão, tendo sido esvaziada muitas vezes antes que a besta finalmente desfalecesse no colo dela.

Cabelos cortados

A tesoura deslizou pela cabeça de Sansão, que estava agora tão careca quanto um recém-nascido. Dalila sabia que a essa altura seus conterrâneos já haviam chegado. Sem dúvida, estavam escondidos no quarto ao lado, esperando que ela gritasse.

Sansão parecia menos bestial e Dalila sentiu uma pontinha de remorso. Os filisteus não teriam dó dele. Sansão os humilhou, os enfraqueceu. Com certeza ele seria humilhado, exibido diante do povo.

Dalila pensou nos príncipes de Ascalon, mortos por causa de seus mantos, porque alguém excedeu a raposa em esperteza. Pensou nos vinhedos do pai, completamente incendiados porque aquele homem não era responsável pelo que fazia. E, acima de tudo, pensou em Kala, tão inocente, tão indefesa, tão amedrontada.

Dalila sussurrou ao ouvido da besta:

— Acorda, Sansão. Acorda!

Ele só se mexeu, mas ela deu-lhe tapas no rosto e Sansão começou a acordar. Ele percebeu imediatamente que alguma coisa estava errada e arregalou os olhos ao procurar apalpar as tranças, que agora estavam no chão. Olhou horrorizado para Dalila:

— Que fizeste?

— Sansão — ela gritou —, os filisteus estão sobre ti!

Nesse momento, uma dezena de homens invadiu o quarto, sobre os quais Sansão se atirou. No entanto, tinha dito a verdade e eles facilmente o subjugaram. Sansão berrou, chorou e soltou gritos de dor.

Antes de o arrastarem do quarto, vazaram-lhe os olhos e amarraram-no com correntes de bronze.

Dalila chamou um escravo para recolher as tranças de Sansão e queimá-las. Naquela noite ela dormiu profundamente, sem que nada perturbasse seus sonhos.

4

NÃO SOU COMO TODO MUNDO

Quando a Luz do Mundo escurece

Gostaria de ter conhecido minha amiga Becky Brown no Ensino Médio. Becky estava no conselho da igreja onde eu servia em Beavercreek, Ohio. Quando saíamos da igreja aos domingos, ela discutia o sermão comigo. Uma de suas frases de efeito, sempre com um sorriso e uma crítica elogiosa, era: "Santo significa diferente, não esquisito!".

Fui um garoto esquisito no Ensino Médio — em parte devido à timidez adolescente, mas em parte por causa do jeito como decidi viver minha fé. Frequentei uma escola pública e dedicava-me a ser cristão em público. Para mim, isso significava ressaltar tantas vezes e tão alto quanto possível que eu era cristão. Discuti com o professor de Biologia (que era cristão) a respeito da evolução. Escrevi ensaios e fiz projetos sobre temas cristãos. Usava camisetas cristãs que proclamavam espalhafatosamente: "EU CREIO!". Minha favorita dizia: "Não lute despido!" na frente e "Vista a armadura completa de Deus" nas costas, completada com uma ilustração e uma diminuta referência bíblica.

Em meu quarto eu tinha um mapa orgulhosamente exibido que ajudava garotos cristãos a encontrar alternativas musicais aprovadas pela igreja. Gosta de Green Day? Experimente MxPx! Gosta de 311? Experimente Pax217! Acima de tudo, eu era um defensor da verdade, armado com minha espada do Espírito e pilhas de livros escritos especialmente para ajudar garotos como eu a combater sobretudo professores de ciências ímpios que queriam nos forçar a aprender ciências.

Ironicamente, nada disso me fez santo. Eu era um cara agressivo, barulhento, impetuoso. Só porque usava uma cruz em vez de um tênis de marca não significava que eu não jogasse o mesmo jogo consumista que os garotos da escola que vestiam jaquetas, camisas ou roupas de grife. Nenhum desses comportamentos mostrou ser meu *caráter* diferente do dos outros garotos da minha escola. Minha maneira de ser cristão se parecia suspeitosamente com a dos alunos que jogavam futebol, faziam teatro ou tinham qualquer outro passatempo. O cristianismo era apenas minha marca. Eu não imaginava uma santidade que fosse mais do que marca e comportamento, então a fé que eu apresentava aos colegas não era nada além de mais uma forma de passar pelo Ensino Médio (e uma forma não muito atraente). Eu poderia aprender uma ou duas coisas com Sansão.

E aí, Dalila?

Dalila é a suposta vilã da história de Sansão. Seu nome é sinônimo de mulher sedutora, que usa a sensualidade como arma para destruir os homens. Seu crime foi seduzir Sansão e descobrir o segredo de sua grande força para que os filisteus o destruíssem.

No entanto, o livro dos Juízes não está particularmente interessado em julgar as ações de Dalila[1]. Compare Dalila com Jael, em Juízes 4,17-24. Como Dalila, Jael não era israelita. Como Dalila, Jael convidou um homem para seu quarto. Como Dalila, ela imobilizou o

---

1 Intérpretes tão antigos quanto Pseudo-Fílon — mais ou menos contemporâneo de Jesus — concentram-se em Sansão como o verdadeiro vilão da história, como faz o próprio livro dos Juízes. SNYDER, JOSEY BRIDGES, Delilah and Her Interpreters, in: NEWSOM, CAROL A. (ed.), *Women's Bible Commentary*, Louisville, KY, John Knox, ³2012, 138-142.

dito-cujo por um meio que envolvia sua cabeça (cravou-lhe nas têmporas uma estaca da tenda). Juízes narra intencionalmente as histórias dessas duas mulheres para ressaltar seus paralelos. Jael, porém, é heroína e Dalila é vilã. A única diferença significativa é que Jael matou um inimigo de Israel e Dalila traiu Sansão, suposto defensor de Israel[2].

Por outro lado, a princípio Sansão parece ser um herói sem ambiguidade. É hebreu, um dos mocinhos. Um mensageiro angelical anunciou que ele nasceria para salvar o povo de Deus dos bárbaros filisteus[3]. Sansão tinha um superpoder: uma força fantástica. Também tinha uma fraqueza secreta: seu cabelo.

Quando lemos sua história, contudo, é difícil não ver Sansão pelos olhos de Dalila. Ele é proclamado defensor de Javé, mas jamais defendeu a honra dele. Era selvagem, bestial e cruel. Provocava brigas que sabia poder vencer facilmente. Demonstrava ostensiva desconsideração por todas as leis de seu Deus (exceto por seu cabelo). Apoderava-se do que queria e não prestava contas a ninguém.

Se você se sente um pouco em conflito a respeito de Sansão, não se preocupe. Isso é de se esperar. Ele não se destina a ser entendido como herói — muito pelo contrário. Sansão foi o último dos juízes — título que o livro dos Juízes confere aos vários defensores de Israel que Javé criou para libertar os israelitas da opressão. O livro todo dos Juízes é uma longa espiral para baixo e Sansão era o fundo do poço no que dizia respeito aos juízes[4]. A traição dele foi uma trai-

---

2   Cf. excelente análise de JACKSON, MELISSA, *Comedy and Feminist Interpretation of the Hebrew Bible. A Subversive Collaboration*, Oxford, Oxford University Press, 2012, 116-142.
3   Fato engraçado: em Juízes, o hebraico é tão ambíguo que pode ser lido como se o anjo fosse na verdade o pai de Sansão. Alguns estudiosos consideram que Sansão era um dos Decaídos, a raça de heróis criada quando os "filhos de Deus" tiveram relações sexuais com as "filhas dos homens" (Gn 6,4). Segundo consta, Golias também era um dos Decaídos.
4   No epílogo do livro, Israel dedica-se basicamente a uma guerra civil. Eles se desviaram tanto do que Deus chamou-os a ser que não precisaram de

ção da santa vocação de Israel e, para Juízes, o pecado por excelência. O livro põe a culpa da tragédia de Sansão e Dalila diretamente nos ombros dele. Ele é, quando muito, um anti-herói e defende fortemente a vilania.

Discernir a diferença entre heróis e vilões — entre o povo de Deus e os filisteus — deveria ser fácil. Mas não foi. O pecado de Sansão foi recusar-se a viver seu chamado divino. Em vez disso, ele fez o que era certo a seus olhos e Israel todo o seguiu.

O problema filisteu

Hoje, *filisteu* significa "inculto, bárbaro". Tomamos o papel bíblico dos filisteus de inimigos do povo de Deus como desculpa para presumir que eram retrógrados, ignorantes e perigosos — pouco melhores que animais. No entanto, a imagem que temos dos filisteus não corresponde ao registro histórico[5].

Quem exatamente os filisteus eram ainda é um mistério. A melhor pista que temos é que eram um povo grego navegante que por volta de 1200 a.C. fugiu do colapso da civilização micênica[6]. Micenas foi uma das culturas da grande Idade do Bronze no Mediterrâneo. Era tecnicamente avançada e participava de uma civilização comercial que se estendia pelo Mediterrâneo. Os estudiosos debatem exatamente por que todas essas civilizações desmoronaram quase ao mesmo tempo, mas elas desmoronaram mesmo.

Parece que os filisteus eram refugiados que fugiram em levas para se fixar na costa mediterrânea cananeia. No tempo de Sansão, é provável que estivessem em Canaã havia mais ou menos um século. Esta-

---

uma nação de fora para oprimi-los. Deus não criou nenhum juiz na guerra porque nenhum juiz poderia salvar Israel de si mesmo. Falando em tempos sombrios!...
5   Supor que nossos inimigos sejam animalescos, incultos e menos que humanos diz muito mais sobre nós do que sobre nossos inimigos.
6   Cf. uma análise profunda da erudição atual no excelente livro: CLINE, ERIC, *1177 B. C. The Year Civilization Collapsed.*

beleceram uma rede de cinco cidades muito importantes, conhecidas hoje como Pentápolis filisteia[7]. Ficavam entre Israel e o mar Mediterrâneo, receita certa para conflitos tão antiga quanto a civilização.

O que tornava os filisteus tão assustadores? Em uma palavra, a tecnologia. Eles haviam entrado na Idade do Ferro, e Israel não. O ferro é muito mais duro que o bronze. As espadas e pontas de flecha de Israel não transpassavam a armadura filisteia, enquanto os soldados israelitas eram extremamente vulneráveis às armas filisteias[8]. Os carros de guerra israelitas quebravam com mais frequência e não se adaptavam tão prontamente a terrenos difíceis. Basicamente, os filisteus usavam smartphones e Israel usava o telégrafo.

Longe de serem bárbaros incultos, os filisteus eram civilizados, educados e bem armados. Levaram tecnologia avançada, crenças e tradições antigas a uma terra ainda envolvida nas consequências da conquista de Josué. Pareciam invencíveis — até Sansão aparecer.

Não importava o que os filisteus fizessem, Sansão os derrotava. Pegou trinta príncipes de Ascalon desprevenidos. Incendiou searas e vinhedos, depois matou os homens que tentaram detê-lo. O exército filisteu reuniu-se em massa contra Sansão e ele matou mil de seus soldados. Por fim, tentaram capturá-lo em uma de suas grandes cidades, mas ele arrancou suas portas, deixando vulnerável toda a cidade.

Pela primeira vez em mais de um século, os filisteus encontraram um inimigo contra o qual seu grande número e avanço tecnológico não adiantavam nada. Voltaram-se para Dalila, que agradou e então matou a besta selvagem.

---

7   Três dessas cidades têm papéis proeminentes na história de Sansão: Acaron era a mais próxima de sua cidade; ele matou trinta príncipes filisteus em Ascalon pelas trinta vestes que devia por perder a aposta na festa de seu casamento; arrancou as portas de Gaza depois de dormir com uma prostituta. As outras duas cidades são Azoto e Gat (terra natal de Golias).

8   Juízes 1,19 nos diz: "Judá [...] não pôde expulsar os habitantes da planície porque eles tinham carros de ferro". Da mesma forma, 1 Samuel 13,19-22 relata que os filisteus impediram os israelitas de construir fornalhas, por isso eles não podiam fabricar armas de ferro.

Embora seja possível que Dalila fosse hebreia, suas ações revelam que sua lealdade estava inteiramente com os filisteus. Somado ao fato de a preferência de Sansão ser por filisteias, isso levou a um quase consenso entre os estudiosos de que ela era filisteia. Como tal, Dalila se consideraria culta, comparada aos vizinhos israelitas. Aos olhos dela, Israel era um amontoado bárbaro de caipiras que ainda tentavam entender a tecnologia e as instituições que seu povo dominara havia um século ou mais.

É muito surpreendente que Dalila tenha nome na narrativa. Nenhuma das outras mulheres tem, inclusive a mãe de Sansão, a sua esposa e a prostituta de Gaza. Nenhum homem fala por Dalila, mesmo quando ela administra os negócios. Isso indica que provavelmente ela fosse independentemente rica, o que era fora do comum para mulheres gregas, mas não sem precedente[9]. O único outro fato que sabemos sobre Dalila é que ela era do mesmo vale que Sansão e sua esposa filisteia: o vale de Sorec. Ela cresceu ouvindo as histórias que circulavam sobre Sansão, o homem forte. Mesmo que não estivesse presente no casamento de Sansão, teria ouvido falar daquele homem depois que ele destruiu o suprimento de grãos da região.

De todas as mulheres da história de Sansão, Dalila é a única que dizem que ele amou, mas nada sabemos de suas motivações. Embora uma minoria de estudiosos e contadores de histórias se pergunte se o amor de Sansão por ela era correspondido, a maioria acredita que Dalila não queria nada além de destruí-lo. Considerando o comportamento dele na história, é difícil culpá-la.

Lua de minha vida

De uma perspectiva narrativa, Dalila funciona como precursora do fim de Israel. Seu nome se parece com a palavra hebraica para *noite*,

---

[9] Isso era impensável na cultura israelita. A notável exceção, Débora (Jz 4), ainda é identificada pelo marido (mulher de Lapidot) e trabalha de comum acordo com um general homem.

enquanto o nome de Sansão homenageia o sol. Ele é o dia; ela é a noite. Na estrutura de Juízes, ele é o bem e ela é o mal — ou é assim que se presume que funcione.

Na imaginação judaica, as fronteiras que Deus impôs entre Israel e as nações vizinhas foram designadas na estrutura da criação. Os sete dias da narrativa da criação hebraica começam com trevas assim descritas: "A terra, porém, estava informe e vazia, e as trevas cobriam o Abismo" (Gn 1,2). Nos três primeiros dias da criação, Javé divide, separa, forma. Javé passa os três dias seguintes enchendo essas formas, de modo que "informe e vazia" transforma-se em "formada e cheia", e o templo cósmico divino está pronto para o primeiro dia de descanso[10]. A criação divina final são o homem e a mulher que Deus encarrega de governar como portadores da imagem divina.

Mais tarde, no Sinai, Deus dá uma *torah*, um caminho[11]. Em uma espécie de cerimônia cósmica matrimonial, Deus faz de Israel um povo santo — diferenciado do mundo. A *torah* criou o povo da mesma maneira, formando-o com fronteiras e separação[12]. Deus pretendia que esse povo santo fosse um reino de sacerdotes (cf. Ex 19,1-8).

Os paralelos são intencionais: Deus cria um mundo e um povo estabelecendo fronteiras e identidade. Deus também cria um templo cósmico em Gênesis 1 e um tabernáculo em Êxodo, cuidado por seres humanos criados à sua imagem e moldados pela *torah* divina. Eles devem ser os zeladores da criação e luzes do mundo. Ser israelita é seguir a *torah* divina para mostrar ao mundo inteiro o caminho para Deus. A santidade de Israel deve ser contagiosa.

---

10 Cf. uma análise mais completa de Gênesis 1 como texto de um templo cósmico em: WALTON, JOHN H., *The Lost World of Genesis One*, Downers Grove, IL, IVP Academic, 2009.

11 Embora muitas bíblias traduzam *torah* como "Lei", uma tradução mais fiel da palavra é "instrução" ou "caminho". A *torah* é um caminho que leva a Deus, como Paulo observa em Gálatas 3,24.

12 Cf. uma compreensão de como a *torah* amplia a lógica da criação de Gênesis 1 para o código dietético no monumental ensaio de DOUGLAS, MARY, The Forbidden Animals in Leviticus, *Journal for the Study of the Old Testament* 59 (1993) 3-23.

Juízes — livro no qual o refrão constante é que cada um fez o que era certo aos próprios olhos — narra a história de como o povo santo deixou de ser santo. Em vez de seguir a *torah* divina, muitas vezes eles cruzaram fronteiras santas para adorar deuses estrangeiros.

Como nazireu, era para Sansão ser a personificação da santidade de Israel. *Nazireu* significa "diferenciado". Pouco sabemos das funções cotidianas dos nazireus na cultura israelita, mas temos conhecimento de que eles personificavam a separação da criação e do povo de Deus. Deviam abster-se de vinho, não deviam cortar o cabelo, deviam ser mais assíduos que o israelita mediano em relação a não comer animais impuros e, com certeza, não deviam desposar mulheres estrangeiras.

Sansão fazia tudo isso e mais, cruzando muitas vezes as fronteiras santas que marcavam o povo de Deus como sendo de Deus. O sol de Israel não refletia a luz divina no mundo, por isso o mundo era escuro e cada um fazia o que era certo aos próprios olhos. Quando Dalila finalmente surgiu na história, ela foi a arruinadora. Por meio de suas ações, o homem que se apoderava de tudo que via foi cegado. A luz do sol de Israel escureceu. A criação foi arruinada quando o herói divino foi derrotado. No entanto, seus desejos o derrotaram, não uma força exterior.

No final de Juízes, o povo de Deus deixara de ser santo. Todas as fronteiras tinham sido cruzadas e já não havia um jeito de dizer quem era herói e quem era vilão. A estrutura da *torah* divina se desfizera e Israel efetivamente não existia mais.

No início de Juízes, quando Israel ainda refletia a luz divina no mundo, uma pagã chamada Jael viu a luz e ajudou o povo de Deus. No tempo de Sansão, a luz estava escura, por isso Dalila fez exatamente o que esperaríamos que qualquer um fizesse: cuidou do próprio povo. Transformou-se em lucro. E, até onde sabemos, não sentiu remorso. Por que deveria? Nunca lhe apresentaram alternativa melhor.

Este foi o fracasso de Sansão: recusar o chamado divino para ser santo, para ser como Deus e diferente do mundo à sua volta. O sol de Israel foi chamado desde o nascimento para refletir a luz de justiça e liberdade, mas recusou-se a brilhar. Assim, o povo tropeçou nas trevas.

SANTIDADE NO MUNDO REAL

Em nosso mundo moderno, não é tarefa fácil discernir como uma vida santa deva ser. As instruções que encontramos na Torah são culturalmente limitadas. Hoje usamos roupas de múltiplas fibras, comemos camarão e bacon, vamos correr no sábado, fazemos tatuagens e participamos de inúmeras outras atividades explicitamente proibidas pelos códigos de santidade (cf., por exemplo, Lv 11,12; 19,19-28; Ex 16,27-30).

Isso, já se vê, não nos impediu de criar novas regras de santidade. Minha congregação, a Igreja do Nazareno, tem um manual com uma seção chamada "A aliança da conduta cristã". Essa aliança é nossa tentativa de responder como devemos ser santos no mundo. Em grande parte de nossa história, nosso código de santidade tem sido uma lista de "nãos": Não tome álcool. Não dance. Não vá ao cinema. Não vá ao circo[13].

Tenho um relacionamento de amor e ódio com nossa aliança. Por um lado, é importante que a santidade seja uma experiência do mundo real, não devendo se restringir ao santuário no domingo de manhã ou a um quartinho de oração particular. A santidade é um chamado público. Quero que nos esforcemos para imaginar como ela deve ser no mundo real.

Por outro lado, os códigos de santidade dos tempos modernos como os nossos tendem a se concentrar no comportamento, em vez

---

13 Nos últimos anos, começamos a modificar muitas dessas regras para permitir mais liberdade. Assim, "não dance" tornou-se uma injunção para evitar "todas as formas de dança que prejudiquem o crescimento espiritual e rompam inibições morais e a reserva apropriadas". Cf. BLEVINS, DEAN G. et al. *Manual 2009-2013*, Church of the Nazarene, Kansas City, MO, Nazarene Publishing House, 2009, 50.

de no caráter. Onde estão nossas injunções para personificar os frutos do Espírito? Como nossas igrejas poderiam ser diferentes se, em vez de intermináveis debates sobre o álcool, adotássemos o autocontrole como virtude? E se passássemos mais tempo juntos imaginando a que se assemelha a benevolência ou como a bondade se diferencia da fraqueza quando se trata de empregar no mundo o poder que Deus nos deu? E se apresentássemos a alegria como virtude a ser alcançada? E se treinássemos os cristãos para serem pacificadores em casa, no trabalho e até nas mídias sociais? E se insistíssemos em amar nossos inimigos e acolher estranhos e refugiados como se fossem parte de nossa família?

A santidade é o segredo de nossa vocação. Quando entendemos mal a santidade, não podemos ser a luz do mundo, como Deus planejou. Com muita frequência, porém, em vez de seguir o caminho de Deus, imitamos o mundo à nossa volta. Temos nossas escolas, nossas livrarias e nossa música. Em outras palavras, não somos especificamente santos. Fazemos o que o restante do mundo faz, mas usamos *cristão* como adjetivo, o empacotamos e o chamamos de santificado. Treinamos guerreiros culturais, concentrados em legislar moralidade e, assim, somos conduzidos não por pastores, mas por políticos que se apoderaram de nós e nos usam para os próprios fins. Em vez de cultivar a reputação de sermos parecidos com Jesus, somos conhecidos como hipócritas, críticos, inconscientes, superficiais e mais interessados em política que em Deus[14].

Não admira, então, que tão poucas pessoas fora da Igreja vejam alguma coisa de bom no Jesus que afirmamos representar. Como Sansão, não apresentamos nenhuma alternativa convincente para os que estão cansados dos modos do mundo. Contudo, também como Sansão, temos um potencial incrível. O próprio Jesus nos chamou de "luz do mundo" (Mt 5,14). E Paulo prometeu que o mesmo Espírito que

---

14 Cf. uma análise estimulante de como a cultura em geral vê os evangélicos americanos em Kinnaman, D.; Lyons, G., *Unchristian*, Grand Rapids, Baker Books, 2007.

ressuscitou Jesus dos mortos — o mesmo Espírito que deu a Sansão sua força espantosa — está vivo e em ação em nós, fazendo-nos igreja e capacitando-nos para representar Deus no mundo (Rm 8,11).

Quando penso em uma igreja de santidade, penso no pequeno Bridge Café, dirigido por minha mulher, Amanda, no campus da Universidade Estadual Wright durante quatro anos. A igreja de que fazíamos parte em Dayton, Ohio, era a dona do café e o administrava, e acreditava que a santidade não é frágil, mas contagiosa[15]. Abriram o café para criar um espaço onde os estudantes universitários encontrassem Jesus.

Nenhuma cruz enfeita as paredes do Bridge Café e não há bíblias nas estantes. Em vez de depender de objetos de fé, a igreja conta com a gerente para criar um espaço onde os alunos experimentem a fé. Durante nosso tempo ali, o café apresentou para os alunos eventos como "Noites de Microfone Aberto", "Contatos poéticos" e a famosa "Salsicha grátis da quarta-feira" na terça, quando membros da igreja se ofereciam para grelhar e distribuir centenas de cachorros-quentes a estudantes famintos.

Uma das grandes alegrias daquele café peculiar era a pergunta que os estudantes nos faziam, geralmente lá pela terceira ou quarta visita: "Este café é cristão?". Sempre afirmávamos que uma igreja administrava o estabelecimento, mas que ele não era só para estudantes cristãos. Eu os questionava a respeito do que eles achavam e a resposta era invariavelmente a mesma: "Não sei. É que há uma coisa diferente neste lugar".

Estudantes de todas as posições sociais encontravam um lar longe de casa no Bridge Café. Frequentemente, conversas tarde da noite sobre a vida acabavam se tornando perguntas sobre fé, e aquele lar longe de casa passou a ser um lar espiritual. Um de meus mo-

---

15 Examino esse conceito de santidade contagiosa detalhadamente em FORASTEROS, JR., A Contagious Holiness. Jesus, Dexter, and Walter White at the Super Bowl, in: BROWARD, J.; OORD, T. J. (eds.), *Renovating Holiness*, Nampa, ID, SacraSage Press, 2015, 109-114.

mentos mais admiráveis como pastor foi em um Domingo de Páscoa, quando minha amiga Nikki, então no último ano de Dança na Universidade Wright, executou uma dança que ela havia coreografado como parte de nossa celebração de Páscoa. Tive o privilégio de batizá-la alguns minutos depois e, em seu testemunho, ela contou que chegara à fé, em grande parte, devido à maneira como encontrou Jesus no Bridge Café.

O caminho de Deus é lindo e atraente. Fomos criados para ser portadores de sua imagem e cuidar do mundo como seus representantes. Somos chamados a viver o caminho de Deus na frente do mundo à nossa volta, mas, como Sansão, recusamos o seu chamado. Em vez disso, fazemos o que é certo aos nossos olhos, o que quase sempre resulta em participar das diversas visões da boa vida que nossa cultura apoia. Tornamo-nos consumidores ou deixamos o medo determinar nosso caminho. Tratamos os pastores como celebridades ou dirigimos nossas igrejas como negócios. Esses ídolos nos induzem a nos afastar da *torah* divina e deixamos de ser santos. Sem um povo santo para refletir a luz divina no mundo, este permanece nas trevas.

Ser santo é ser a imagem de Jesus em tudo o que está à nossa volta, ser diferente no caráter, não apenas na marca. Ser santo não é vestir camisetas cristãs e ouvir música cristã[16]. Ser santo não é travar guerras culturais. Ser santo é ser amoroso, alegre, calmo, paciente, benigno, generoso, gentil, fiel e ter autocontrole. Ser cristão é buscar a paz com nossos inimigos e tratar os estranhos como se fossem da família. Quando somos realmente diferentes do mundo à nossa volta no caráter, não apenas no comportamento, somos uma luz que brilha nas trevas. Somos um sol que afugenta a noite.

---

16 Não há nada de errado com camisetas e músicas. Elas só não nos tornam santos.

5

JEZEBEL

*Como se não bastasse imitar os pecados de
Jeroboão, filho de Nabat, [Acab] tomou por mulher
Jezebel, filha de Etbaal, rei dos sidônios, e além disso
serviu Baal, prostrando-se diante dele.*

(1Rs 16,31)

Cães uivavam nos becos de baixo quando Jezabul[1] pegou o kajal[2]. A rainha de Israel começou a aplicar linhas escuras nos olhos pela última vez. No que estava se tornando rapidamente um ritual cansativo, ela amaldiçoou Javé e seus profetas intrometidos. Uma lágrima escorreu de seu olho, forçando-a a recomeçar. Baniu pensamentos de profetas e lembrou-se de seu último dia como princesa de Tiro. Era o equinócio de primavera e seu tutor, Ezermarq, a acompanhara ao festival e seu noivado.

Rainha

O som de vozes anunciou a proximidade da rua principal da capital e Jezabul espreitou pela cortina de seda da liteira. As ruas de Tiro esta-

---

1 Como explicará o autor mais adiante, provavelmente o nome de Jezebel fosse originalmente Jezabul. (N. do E.)
2 Antigo pigmento usado nos olhos, equivalente ao nosso moderno lápis de olho. (N. do E.)

vam cheias de gente que andava rapidamente entre as tendas enquanto mercadores gritavam cada um mais alto que o outro, todos prometendo o melhor exemplar daquilo que os concorrentes ofereciam. Após um momento, ela voltou a se recostar na liteira e comentou:

— Sempre me espanto com a aglomeração de peregrinos. Esta cidade nunca esteve tão cheia como hoje.

Ezermarq concordou e sorriu:

— Tudo pela glória de Baal, Alteza.

Jezabul riu:

— Sim, pela glória do Senhor e muito lucro para Tiro.

— Jeza-*bul*! Jeza-*bul*!

Pelo coro do lado de fora, a princesa percebeu que estavam se aproximando do templo de Baal. Apertou os lábios, achando tudo aquilo divertido e frustrante. Repetiam seu nome, mas não a chamavam. O grito significava "Onde está o príncipe?". Era o equinócio, o clímax do Festival da Primavera. Durante o inverno todo, Baal dormiu e o mundo morreu. Hoje, os fiéis chamavam-no pelo nome, acordando-o para que a vida voltasse ao mundo.

— Jeza-*bul*!

Olhando fixamente em direção ao coro, como se pudesse ver através da cortina da liteira, Jezabul falou:

— Meu irmão não está preparado para ser rei.

Ezermarq ficou em silêncio por um momento, então disse com brandura:

— Não faças isso, Alteza. De novo, não.

Como se não tivesse ouvido, Jezabul continuou:

— Baal-Ezer é um garoto meigo. É generoso e ponderado. Mas não tem a astúcia de que um monarca de Tiro precisa.

Um pouco do antigo autoritarismo insinuou-se na voz de Ezermarq:

— Baal-Ezer é um homem agora, Alteza. Assististe sua designação há menos de um mês.

Jezabul virou-se e lançou um olhar feroz para o antigo tutor.

— Meu irmão não está pronto para governar. Eu estou muito mais preparada para o trono.

Ezermarq ficou calado.

— Eu disse isso a meu pai. Sabes o que ele falou? "És mulher. Não estás preparada nem mesmo para ser sacrificada". Agora que ele tem um herdeiro homem, sou-lhe inútil. Eu me perguntei o que seria de mim. Teria ao menos permissão para ser sacerdotisa de Astarte, para seguir seus passos dessa maneira, já que não posso usar sua coroa? Não. Agora fiquei sabendo que devo ser dada ao príncipe de Israel. Dize-me, Ezermarq, o que sabes de Israel?

O tutor engoliu em seco.

— É uma nação jovem, Alteza. Mas tem um grande futuro.

Jezabul riu, embora seus olhos estivessem sérios.

— És muito generoso, Ezermarq. Eles são bárbaros... uma nação de pastores com um deus ciumento. Vou ser rainha de um monte de esterco.

Ficaram em silêncio o resto do caminho, sendo o clamor dos peregrinos sua única companhia. Finalmente a liteira parou e o coração de Jezabul deu um salto. Ela abriu as cortinas da liteira para contemplar o templo de Baal, examinando as pedras de cinquenta centímetros de lado e os pilares da altura de três homens, todas de mármore branco, lisas e polidas. Folhas de ouro enfeitavam o topo e a base dos pilares que ladeavam o edifício, elevando-se sobre a massa de peregrinos. Era grandioso, mesmo em uma manhã cinzenta.

Jezabul pensou em como ele brilhava ao sol e, apesar do mau humor, sorriu para si mesma. "Onde está meu príncipe? Não estamos aqui hoje para acordar Baal de sua soneca, para que ele devolva a vida ao mundo? Baal em pessoa não vai logo espantar o frio do inverno com o calor de sua luz?" Ela ficou em pé no centro do mundo para acordar o príncipe de seu descanso.

A guarda de Jezabul conduziu-a às portas do pátio interno, passando por sacerdotes paramentados com mantos de fina púrpura e controlando habilmente a multidão de peregrinos. Ela foi anunciada e as portas se abriram a fim de deixá-la entrar. Seguiu para o pátio interno e as portas fecharam-se atrás dela. A princesa de Tiro parou para aproveitar o momento sagrado; era o mais perto que ela jamais chegaria da glória de Baal.

Jezabul deu um grande suspiro. A vida da sacerdotisa era uma vida de poder à sua maneira. O pai dela, porém, tinha outros planos. Ela se preparou para encontrá-lo, Etbaal, o rei de Tiro, que a esperava bem nos degraus do templo, ao lado do sumo sacerdote e de dois homens de aparência estranha. Os dois eram obviamente estrangeiros — mais baixos que os fenícios, com barbas mais espessas do que estava na moda. Seus mantos e joias os identificavam como nobres.

Jezabul notou que a guarda real de seu pai estava bem afastada, atrás dele, e no outro lado do pátio havia meia dúzia de soldados estrangeiros. Embora sua postura fosse descontraída, eles esquadrinhavam o pátio como homens acostumados à violência.

Quando ela chegou perto, Etbaal abriu os braços e se aproximou:

— Minha filha, Jezabul, princesa de Tiro e tesouro do meu reino!

Um tradutor repetiu as palavras de seu pai e Jezabul enrijeceu nos braços dele. Ela fez um último apelo em seus ouvidos:

— Pai, não me dês a este príncipe. Deixa-me servir Tiro.

Ele sussurrou de volta:

— Sê forte, princesa. Nisto serves nosso reino e nosso senhor.

Seu tom era cheio de ameaça, enquanto agarrava-lhe o braço, impelindo-a em direção aos estrangeiros. Jezabul quase olhou para trás em busca de Ezermarq, mas em vez disso preferiu imaginar que seu tutor não gostaria de vê-la oferecida a selvagens.

Etbaal gesticulou em direção ao mais velho dos dois homens.

— Eis Omri ben-Zuar, rei de Israel e primeiro de sua dinastia — e o príncipe herdeiro de Israel, Acab, filho de Omri. Jezabul, filha de Etbaal e princesa de Tiro, eis teu príncipe.

Jezabul sorriu e inclinou a cabeça recatadamente, dizendo:

— Rei Omri, que teu reinado seja longo e Baal te proteja da espada profana do usurpador.

Ela prestou atenção enquanto o tradutor relatava suas palavras na bárbara língua hebraica e viu quando os olhos de Omri se tur-

varam com compreensão. Ele murmurou palavras que dificilmente precisavam de tradução, embora o tradutor gaguejasse:
— Sua... Sua Alteza, o Rei Omri, esperava melhores maneiras da princesa dos grandes sidônios.

Etbaal apertou mais o braço de Jezabul.
— Minha filha pede desculpas, Alteza. Parece que, na excitação da grande festa, ela esqueceu as maneiras da corte. As mulheres são tão excitáveis. Ela não teve má intenção. — Ele apertou o braço dela até doer e sua voz prometia vingança: — Vê como agora ela está emocionada com a união de nossas duas nações.

Jezabul deu a Omri seu sorriso mais radiante.
— Meu pai tem esse direito. Permita que eu me desculpe. Sou apenas uma mulher, uma vergonha para meu povo orgulhoso. É claro que Vossa Alteza sabe que Tiro reina na misericórdia de Baal há dois milênios. E sem dúvida Vossa Alteza em vossa sabedoria está agradecido pelas muitas dádivas de nosso povo ao mundo. Está, já se vê, ciente de que nossa maior façanha não são nossos navios, nem se mede em cavalos e carros. Demos ao mundo o alfabeto. As maiores mentes da antiga Suméria e os maiores sábios dos Faraós só sabiam fazer desenhos. Nosso povo dividiu as palavras em sons e sílabas e assim mudou o mundo. Sons e sílabas, Alteza.

Quando o intérprete traduziu as palavras dela, os homens trocaram olhares apreensivos. Antes de o pai conseguir interrompê-la, Jezabul prosseguiu:
— Por exemplo, trocai a primeira sílaba de meu nome e sou Balzebul, "Baal é marido para mim". Por que meu pai não me chamou assim? Antes de assumir o trono, ele era sacerdote de Astarte. Balzebul é um nome apropriado para a filha do sacerdote de Astarte. Mas não sou filha de nenhum sacerdote. Não, sou a primogênita de um usurpador. Um homem que precisava de uma dinastia — e depressa. Um homem que precisava de filhos varões. — Sua voz ficou ainda mais forte. — Meu pai não é sacerdote. E não sou filho varão. Assim, sou Jezabul. "Onde está o príncipe?" Uma oração para um deus adormecido. Uma criança decepcionante.

Etbaal gaguejou com raiva. Jezabul virou-se e o encarou.

— Ainda mais decepcionante, meu pai não tinha filhos varões. Era para eu ser rainha. Mas finalmente meu pai teve um filho varão, que acabou de chegar à idade adulta. Embora seja idiota, é filho varão e, assim, mais apto a governar que eu. Agora sou novamente a decepção, sem outra utilidade para meu pai além de ser trocada por favores políticos. — Assim, peço desculpas, Alteza, por meu pai ter vossa nação em tão pouca conta a ponto de vos oferecer sua vergonha. Talvez seja porque tão recentemente rastejastes para fora do monte de esterco do barbarismo. Não obstante, viestes aqui à procura de um aliado, mas meu pai vê claramente em vós... o quê, pai? Uma proteção dos grandes assírios? Forragem para vossas guerras de conquista?

Jezabul já não sentia o braço, e se preparou para a ira paterna enquanto os olhos de Omri lançavam chamas mortais. No entanto, antes que outra pessoa abrisse a boca, o príncipe Acab deu um passo à frente, em seus olhos um brilho de alegria. Fez uma profunda reverência a Jezabul e disse em fenício quase perfeito:

— Alteza, perdoa minha fala estúpida, mas não concordas que, embora um pai possa ter apenas um primogênito, todos os filhos são amados? Israel jamais poderá igualar a glória de Fenícia, porém temos o privilégio de chamar teu povo de irmão, de reproduzir vossa sabedoria e vossos deuses. Farei tudo que estiver ao meu alcance para assegurar que Vossa Alteza seja muito feliz entre nosso povo, que se sentirá honrado em ter uma rainha tão sábia e bela para conduzir nosso povo rude em direção à luz da civilização. — Quanto a nossos pais, tenho certeza de que concordas que nossos reinos tiveram muita sorte de que homens como eles dessem um passo à frente para acabar com os conflitos que nos teriam consumido e ferido nosso povo. Teu pai matou Felete, o aspirante a usurpador que governou apenas oito meses. Meu pai matou Zimri, o aspirante a usurpador que governou apenas uma semana. Que Israel e Sídon prosperem sob o governo deles. Que seus legados sejam longos e sua amizade, poderosa. O Senhor Baal conceda que seja assim.

As palavras de Acab trouxeram a paz. Desde esse primeiro momento ele cativou Jezabul, que, durante a cerimônia, ficou perto dele o bastante para lhe explicar os rituais de inverno. Ele tomou parte nos cânticos litúrgicos — Jeza-*bul*! Jeza-*bul*! — e ela se viu sorrindo enquanto ouvia seu nome.

Ao final da cerimônia, o pai dela conduziu o sacrifício para consagrar o contrato de casamento. Depois de Acab sair, Jezabul percebeu que não parava de pensar nele. "Quem é este homem esperto, educado? Quem é este príncipe?"

Um ano depois, Acab voltou para fazê-la princesa de Israel. Jezabul vivera menos de um ano entre os israelitas quando Omri morreu e ela se tornou rainha. Acab celebrou sua ascensão construindo um templo magnífico para Baal em Samaria, e contratou engenheiros tírios a fim de assegurar que seu novo capitólio fosse moderno. Jezabul descobriu que Acab era um guerreiro feroz e um político brilhante, e não demorou a se apaixonar por ele, que também a amava.

Profeta

Quando recolocou o kajal no estojo de maquiagem, Jezabul fechou a cara. Os hebreus chamavam o kajal de *puk*. É só mudar uma sílaba — *purah* — e fica *lagar*[3]. Ela pensou com raiva: "Aquela vinha amaldiçoada por Mot[4]!".

Se a rainha de Israel tinha uma marca negra em seu reinado, era a vinha em Jezreel. Acab a desejava e o dono não queria vendê-la. Apesar de todas as suas maquinações, Acab foi derrotado e ficou inconsolável durante dias. Jezabul o repreendeu, dizendo:

— És rei. Teus súditos não podem te negar nada.

Apesar de toda a conversa sobre reis, os hebreus eram inevitavelmente tribais. Acab explicou que o deus hebreu o controlava —

---

3 O *lagar* é o local onde as uvas eram espremidas para a obtenção de suco que, uma vez fermentado, produzia o vinho, daí a associação dada aqui pelo jogo de palavras. Para o episódio da "vinha de Nabot", cf. 1Rs 21. (N. do E.)
4 Divindade da mitologia cananeia relacionada à morte. (N. do E.)

que esse deus dera a terra não à coroa nem ao templo, mas às tribos. Os lotes tribais eram sagrados. A vinha não era de Acab por direito, mas de Javé.

Jezabul não entendia a sabedoria do marido nesse assunto. Implorou-lhe, repreendeu-o, humilhou-o. Observou que, em primeiro lugar, o deus dele roubou a terra; assim, o rei também devia poder pegar o que quisesse. Lembrou-lhe dos grandes coros de Baal, o guerreiro poderoso a quem nada pode ser negado. Ainda assim, ele fez beicinho como uma criança.

Então Jezabul assumiu o controle. Os anciãos de Jezreel sabiam a quem deviam sua posição e fortuna. Não hesitaram em incriminar falsamente o dono da vinha e executá-lo por ordem do rei. Em poucos dias, Jezabul obteve a vinha para Acab.

De algum modo, porém, o profeta descobriu — Elias, o profeta de Javé. Ele entrou às escondidas na cidade e confrontou Acab publicamente, declarando a condenação divina por seu roubo da vinha. A verdade tinha sido um segredo mal guardado e a justa indignação do profeta estimulou a oposição a Acab. Muitos israelitas ainda temiam Javé, e Acab foi forçado a mostrar seu arrependimento em público para manter a paz.

"Elias…", Jezabul amaldiçoou sua memória e depois pegou a peruca. Enquanto escondia fios erradios de cabelo, sua mente se adiantava. Peruca. *Sheitel* com uma letra vira *shetek*, ou enchente[5]. O profeta fechou os céus por três anos. Ela o caçou durante três anos, enquanto ele espalhava sua obscenidade, sua intolerância. "Elias sempre teve espírito mesquinho", pensou. "Ele imagina que sua diminuta nação tribal pode se apegar a seu diminuto deus tribal no palco do mundo."

No entanto, ela e Acab estavam empenhados em dar poder a Israel e seu povo. Tiro desmoronava, quer seu pai admitisse quer não.

---

5 Neste jogo de palavras, "peruca" evocaria a palavra "enchente", e isso seria uma clara referência ao ciclo de Elias (cf. 1Rs 17,1ss): o profeta, em nome do Senhor, ordena uma seca. Sem a água da chuva, não haveria as torrentes ou enchentes tão necessárias para a vida. (N. do E.)

A Assíria e o Egito também estavam em declínio. Se Israel se livrasse de seu deus atrasado, isolacionista, seria líder entre as nações.

Elias disse a quem quisesse ouvir que Acab abandonara os deuses de seus pais. "Idiotice", pensou Jezabul. Antes de Javé roubá-la, a terra pertencia a Baal e Astarte. Ela não sabia quantos hebreus ainda cultuavam os deuses da terra. Em todo caso, Acab deu aos filhos os nomes Ocozias — "Javé pega a mão" — e Joram — "Javé é exaltado". Ele cultuava Javé, mas não só Javé. Elias declarou Acab um governante incapaz porque ele acolhia também outros deuses.

"O que Acab fez que o grande Salomão não fez?", Jezabul blasfemou de novo. Ela não desejava passar os últimos momentos com o profeta, mas se preocupava com um esquema mais astuto.

Elias gostava de chamar Jezabul de Assassina de Profetas e ia por toda parte insistindo ser o único profeta de Javé que restava, sugerindo que ela matara todos os outros. "Falso!", a mulher exclamara. No consenso geral, ela matara um pequeno número de profetas que — como Elias — se recusaram a reconhecer que Israel tinha espaço também para Baal e Astarte. A intolerância não podia ser permitida; tendia a florescer como erva daninha. Muitos profetas de Israel, porém, ainda falavam em nome de Javé.

"Além disso, quem foi o verdadeiro assassino dos profetas?", Jezabul cerrou os dentes ao se lembrar do Carmelo. Ela nunca deveria ter permitido que Acab a deixasse no palácio. Afinal de contas, ele e aqueles anciãos tribais amaldiçoados por Mot reuniram-se com quase mil de seus profetas, nenhum dos quais voltou.

De acordo com Acab, os profetas dela permitiram tolamente que Elias determinasse os termos da competição: o deus que respondesse com fogo seria o verdadeiro deus de Israel. Elias permitiu que os profetas de Baal fossem primeiro.

— Jeza-*bul*! Jeza-*bul*!

Durante quatro horas eles clamaram a Baal — em vão. Elias deixou que aquilo seguisse adiante e, quando a manhã terminou sem nenhuma resposta, começou a zombar deles:

— Quem sabe vosso deus está dormindo? Acordai-o.

Então tomou parte no coro, zombando deles com seu nome:
— Jeza-*bul*! Jeza-*bul*!
Acab reconheceu que o profeta riu muito entre seus cantos:
— Onde está o príncipe?
Involuntariamente, Jezabul cerrou os punhos enquanto recordava o relato de Acab. O marido hesitou, mas ela insistiu para que não lhe escondesse nada. Finalmente, ele lhe contou como a zombaria de Elias tinha mudado quando ele disse:
— Quem sabe vosso deus está satisfazendo suas necessidades?
— E começou a entoar: — Jeze-*bel*! Jeze-*bel*!
Uma única sílaba fazia toda a diferença. Na língua hebraica, *zebel* significava "esterco". "Onde está o príncipe?" transformou-se em "Onde está o esterco?". O povo entendeu. Segundo Acab, eles riam enquanto os profetas dela vociferavam, Elias insultava e Baal permanecia silencioso.
— Jeze-*bel*! Jeze-*bel*!
Depois de conseguir que Javé respondesse em chamas, Elias instruiu os anciãos a matarem os profetas dela. Acab ficou de lado, impotente com os anciãos contra ele. Mataram todos os profetas dela. Jezabul se enfureceu:
— E sou eu a assassina?
Seu ódio por Elias não alcançou seu fim. Ele sobrevivera a Acab e ao filho mais velho dela, mas não a Jezabul. Ela só queria ter estado presente quando ele morreu. O povo murmurou que Elias foi levado ao céu no próprio carro de Javé. Jezabul muitas vezes fantasiou que morte ignóbil o profeta teria tido, para seu discípulo contar uma história tão ultrajante. "Ele foi tomado por uma febre? Picado por uma cobra? Sofreu um acidente ao ajudar um dos hebreus?"
Como se alegrou com a notícia da morte de Elias! Só ela sabia! De Eli-*as* para Eli-*seu*. Ela pensou: "Pelo menos Elias era muito estúpido para ir além de opor-se abertamente a eles. Ele sacudia o cajado e fazia um espetáculo de si mesmo, é verdade, mas o brilho de um espetáculo desaparece rapidamente da memória. Nem com a vitória no Carmelo ele ganhou alguma coisa". Ela introduziu mais

profetas e ele fugiu para o deserto. Israel continuou a cultuar Baal e Astarte ao lado de Javé e prosperou sob seu governo.

Usurpador

Jezabul franziu a testa. Seus olhos ainda estavam inchados, mas aquilo não podia ser evitado. Satisfeita com sua aparência, segurou as lágrimas e chamou as escravas para que a vestissem. Seguindo instruções, elas chegaram com o manto e a coroa reais. O filho que lhe restou estava morto, por isso Israel não tinha rei. Quando Jeú chegasse, mataria a rainha de seu povo.

Distraída, esfregou uma mancha no espelho. O espetáculo embaçava muito mais depressa que a boa propaganda. Ela não podia sair do palácio sem ouvir aquele nome sussurrado: *Jezebel*. Rainha do Esterco. Se ao menos as palavras do profeta morto fossem tão olvidáveis quanto ele...

Jezabul supôs que Eliseu fosse um aborrecimento parecido com seu mestre. Ficou surpresa ao descobrir que ele era um adversário astuto. O povo o chamava de profeta, mas parece que ele se julgava um destruidor de reis, já tendo deposto o rei de Aram. Agora ele tinha organizado o golpe de Jeú. O filho dela, Joram, último rei da dinastia de Omri, fora ferido no campo de batalha. Enquanto se recuperava no palácio, deixou Jeú, seu general mais habilidoso, encarregado dos exércitos.

Jezabul supôs que Jeú fosse leal, mas Eliseu esgueirou-se no acampamento militar e o ungiu novo rei de Israel. Jeú dirigiu-se ao palácio e Joram saiu para confrontá-lo.

— Tudo em paz, Jeú? — Joram perguntou.

A resposta de Jeú foi um grito de guerra para seus inimigos:

— Que paz pode haver enquanto continuam os muitos reinos de prostituição e bruxaria de tua mãe Jezebel?

Quando seu filho tentou fugir, Jeú acertou-o nas costas.

Jezabul reconheceu na boca de Jeú as palavras de Elias. "Reinos de prostituição. Sou prostituta porque cultuo os deuses de meu pai?

Todo filho de Israel faz o mesmo. Sou feiticeira porque desejei que minha nação adotiva fosse forte, se erguesse entre as nações de Canaã como igual? Que mágica faço que o profeta e o cãozinho de estimação que o sucedeu não fazem? Jeú é tão intolerante quanto o profeta que o ungiu e o que ele cita. Assim, ele derrubou a dinastia de Acab. Vai arrastar Israel para a lama de novo, desfazendo o trabalho de uma vida que Acab e eu fizemos. Que Mot os pegue a todos."

Pela janela da torre, Jezabul ouviu gritos enquanto as portas do palácio se abriam. Era Jeú, que chegava para acabar com o último membro da dinastia de Acab. A notícia alcançaria seu irmão, mas ela estava certa quanto a Baal-Ezer. Ele não era igual ao pai. Enviaria uma mensagem repleta de palavras enérgicas e talvez exigisse um tributo. No entanto, ela não seria vingada.

A rainha de Israel contemplou-se no espelho pela última vez. A um gesto, um eunuco entregou-lhe a coroa e ela a colocou na cabeça. Jezabul se pôs à janela quando Jeú entrou no pátio. Ela gritou-lhe, o veneno jorrando em sua voz:

— Tudo em paz, Jeú?

O homem que matou o filho dela a sangue frio não a encarou.

— Tudo em paz, Zimri?

Ele hesitou ao ouvir o nome do usurpador, mas continuou em silêncio.

— Onde está teu príncipe, Jeú?

Jeú levantou a cabeça para a janela e gritou, mas não saudou a rainha:

— Quem está comigo? Quem está com teu rei?

Mãos agarraram-na por trás. A rainha fechou os olhos enquanto a janela se distanciava dela.

"Os cães devorarão a carne de Jezebel no campo de Jezreel; e o cadáver de Jezebel será como esterco espalhado na superfície dos campos a ponto de não se poder dizer, 'Esta é Jezebel'" (Elias em 2Rs 9,36-37).

6

CASTELO DE CARTAS

*Poder, medo e os
novos deuses americanos*

Certa vez, uma amiga me contou ter começado a frequentar uma igreja que usava exclusivamente a versão da Bíblia do Rei Jaime. Fiquei surpreso e perguntei se ela enfrentou dificuldades para entender o texto belo, mas arcaico, ao que me respondeu sem o menor sinal de ironia: "Nossos pastores são tão bons mestres que nós mesmos nem temos de ler a Bíblia". Comentei presunçosamente que um pastor que, com sua pregação, incentiva os membros da igreja a não lerem suas bíblias não tem o direito de exercer o cargo de pastor.

Avancemos agora mais ou menos uma década. Eu pregava em tempo integral havia alguns anos e tinha acabado de fazer um sermão. Um membro da congregação, amiga minha que tinha uma brilhante espiritualidade pessoal, abordou-me depois da mensagem. Elogiou exageradamente meu sermão, como tinha sido belo e brilhante, como o achara útil — todos os comentários que afagam o ego do pregador. E depois soltou uma bomba. Lamentando, disse: "Eu poderia ter lido aquela passagem cem vezes e nunca perceber o que você explicou ali. Escutar sua pregação faz-me pensar que eu não deveria nem me preocupar em ler eu mesma a Bíblia".

Fiquei desolado. Eu queria (e ainda quero) fazer de minha pregação um convite para a congregação se apaixonar pelas Escrituras, não ter medo delas. Eu queria que minhas palavras fizessem as palavras da Sagrada Escritura ganharem vida e parecerem acessíveis, mas a maneira como eu pregava estava tendo o efeito contrário. Eu me tornara exatamente igual àqueles pastores da versão do Rei Jaime, interpretando a Bíblia para meu povo, a fim de que eles não tivessem de fazê-lo.

O mais perto que chegarei de ser rei é servindo como pastor. Nós, no papel de pastores, ficamos de pé em uma plataforma elevada acima da congregação e comunicamos ao povo a vontade divina para sua vida. Eu mentiria se dissesse que esse tipo de poder não é tentador. É o corre-corre de uma noite de quinta-feira jantando com algumas pessoas da igreja. Alguém conta uma história sobre trabalho, depois olha para você e diz: "Mas eu pensei no que o senhor disse em seu sermão...". E, então, — cita o que você disse para depois finalizar: "Então, decidi responder assim". Seja pastor bastante tempo e as pessoas que confiam em você abandonam o emprego por causa do que você diz. Decidem casar-se ou continuar casadas ou desfazer o casamento. Mudam o modo de criar os filhos. Isso é poder.

Pastores e políticos não são as únicas pessoas tentadas pelo poder. Todos desejamos o poder em algum nível. O poder lida com o controle. É como impomos nossos costumes ao mundo que nos cerca. O poder é a razão de termos conflitos. Não é difícil ver que entre sete bilhões de pessoas no planeta, cada uma criada para criar, vai haver conflito. O que acontece quando a maneira como quero moldar o mundo difere de sua visão de uma vida boa? O que acontece quando o espaço que preciso para progredir sobrepõe-se ao seu e se intromete nele?

O objetivo muitas vezes é o império: a imposição de minha vontade, de minha visão da realidade aos outros. Eis uma solução bem definida para o conflito: para preservar meu modo de vida, meu espaço, minha capacidade de ser eu, preciso adquirir mais poder — político, militar, cultural. Se eu tiver mais poder que "o outro lado", consigo conquistá-los, forçá-los a ser como eu, quer queiram, quer não. Meu modo de vida e minha visão reinam supremos. Em toda a história, Egito, Assíria, Babilônia, Roma, os Mings, os astecas e os Estados Unidos da América impuseram suas visões de prosperidade humana ao mundo que os cercava[1]. Travamos batalhas culturais, declarando-nos rainha ou rei do pedaço.

Nossa inclinação para construir impérios provém do pecado original da humanidade: agir como se a *minha* visão do mundo fosse a que melhor levará à prosperidade. Os teólogos chamam essa atitude de *orgulho*. O orgulho está na raiz de todo império já construído, quer na cena mundial, quer em um lar abusivo. E, ao contrário da crença popular, o orgulho está na raiz do pecado de Jezebel.

MÁ REPUTAÇÃO

Jezebel é o protótipo da rainha má. É ao mesmo tempo sedutora sexual e monarca implacável. Seu nome é sinônimo do pior tipo de mulher. Quando eu era criança, em uma igreja que frequentava, chamar alguém de "Jezebel ateia" era o mais perto que chegávamos de amaldiçoar[2] a pessoa.

A Bíblia apresenta Acab como um dos piores reis de Israel de todos os tempos e seu casamento com Jezebel é exemplo disso: "Acab, filho de Omri, fez o que era mau aos olhos de Javé mais que todos os seus antecessores [...] Tomou por mulher Jezebel, filha de Etbaal, rei dos sidônios, e além disso serviu Baal, prostrando-se diante dele" (1Rs 16,30-31).

"[Fazer o que era mau] mais que todos os seus antecessores" não é exatamente uma aprovação do reinado de Acab. O relato histórico,

---

1 Hoje vemos a ascensão do império corporativo. São empresas como McDonald's, Walmart, Google e Apple que colonizam o mundo, forjam práticas, crenças e comportamentos e prometem vida aos "súditos", isto é, aos clientes, desde que comprem o que eles vendem.
2 A Igreja tem uma longa tradição a esse respeito. João, o vidente do Apocalipse, refere-se a uma mulher que ensinava heresia em Tiatira como "Jezebel, mulher que se diz profetisa". Ele advertiu que ela seria atirada em uma cama junto com "os que se prostituem com ela" (cf. Ap 2,18-28).

porém, não nos dá nenhum motivo para desconfiarmos de que Jezebel fosse infiel a Acab (ou que, de algum modo, ela o tenha seduzido para que a desposasse). De uma perspectiva puramente política, Jezebel estava longe de ser má governante. De fato, por alguns critérios, Acab e Jezebel estavam entre os mais bem-sucedidos monarcas de Israel.

Israel alcançou proeminência em uma época em que os impérios egípcio e assírio estavam em declínio. Israel ocupava uma faixa de terra agradável na costa oriental do mar Mediterrâneo e a relativa fraqueza e desordem interna dos impérios vizinhos permitiu que o rei Davi formasse e expandisse o território de Israel. Salomão expandiu e consolidou as fronteiras de Israel por meio de comércio e alianças.

As alianças causavam ao monarca de Israel problemas com Deus. No mundo antigo, as alianças políticas consolidavam-se pelo casamento. Se duas nações tornavam-se parentes, havia menos chance de entrarem em guerra. Como no Antigo Oriente Próximo a instituição do casamento era polígama, os reis podiam ter tantas mulheres quantas pudessem sustentar (esta é a razão de Salomão ter mais de setecentas — além de todas as concubinas).

As rainhas não vinham sozinhas. Traziam seus deuses, prática que não era incomum no mundo antigo. A terra montanhosa da Judeia gabava-se de ter muitos lugares altos nos quais seus templos podiam ser construídos. Para os autores bíblicos, foi a construção de altares a outros deuses que marcou os reis de Israel como maus.

Embora hoje nos pareça estranho, esse assunto de rainhas e deuses era questão de segurança nacional. As tribos e nações vizinhas não tinham problema para fazer alianças entre elas; seus deuses complementavam-se uns aos outros. Javé, o deus de Israel, porém, era peculiar: "Não terás outros deuses ante a minha face"[3]. Insistia reiteradamente que Israel não precisava de nenhum outro deus — nem da fertilidade, nem da colheita, da morte, do sol e da lua, da saúde, do

---

3 O primeiro mandamento (Ex 20,3) não é negociável.

parto e da guerra e... você entende. Javé insistia que tudo de que Israel precisava a fim de estar são e salvo era Javé. "Sê fiel à *torah* de Javé e Javé assegurará tua prosperidade."[4]

Todo casamento enviava ao povo a mensagem: "Javé não basta. Javé não pode nos manter a salvo. Precisamos nos aliar a Moloc ou Camos ou preencher o espaço do próximo deus ao qual os reis de Israel ligavam-se em prol da segurança nas fronteiras e de aliados felizes".

Aliados faziam Israel sentir-se seguro em uma época tumultuada. O filho de Salomão, Roboão, iniciou uma guerra civil que dividiu Israel em dois países: Israel (as dez tribos do norte) e Judá (as duas tribos do sul). O conflito inundou a Terra Prometida durante os cinquenta ou sessenta anos seguintes em uma sucessão de guerras, assassinatos e golpes. O pai de Acab, Omri, assumiu o controle das forças armadas de Israel depois de outro general assassinar o então recém-coroado rei e matar toda a sua família.

Do pai, Acab herdou uma coroa e seis anos de paz. Sim, depois de meio século de conflitos constantes, Israel tinha paz. Acab estava determinado a manter essa paz. Como? De acordo com a Sagrada Escritura, ele começou imediatamente a "imitar os pecados de Jeroboão", que no livro de 1 Reis significa idolatria (1Rs 16,31). A principal prova para a acusação do pecado de Acab é seu casamento com a princesa dos sidônios, Jezebel.

TEU CORAÇÃO TRAPACEIRO

Os sidônios eram fenícios — cuja capital, Tiro, na época de Jezebel, já era antiga: — tinha quase dois mil anos[5]. A cultura fenícia era rica e admirável, e sua idade de ouro começou por volta de 1200 a.C., cerca de quatrocentos anos antes de Jezebel[6]. Na época de Jezebel, essa cultura estava em declínio. Embora Israel fosse uma nação re-

---

4 Cf. Dt 28. (N. do E.)
5 Fazendo uma comparação: Washington, DC, só terá dois mil anos em 3790.
6 Nesse mesmo período, os filisteus chegaram ao litoral de Israel.

lativamente jovem, sua influência na região era forte. Fazia sentido os sidônios se aliarem à estrela ascendente que era Israel.

Embora a chamemos de Jezebel, é bem possível que seu nome fosse Jezabul, cuja tradução é: "Onde está o príncipe?". Antes de tomar o trono de Tiro, seu pai era sacerdote de Baal. Ele deu à filha esse nome por causa de um cântico litúrgico no culto cananeu[7]. Os devotos entoavam "Onde está o príncipe?" para despertar Baal de seu sono invernal.

Então, por que "Jezebel"? A palavra hebraica *zebel* significa "esterco". Alguém — Elias, outro profeta, talvez o autor de Reis — empregou táticas insultuosas tão antigas quanto o tempo para dar a conhecer seus sentimentos em relação à rainha idólatra de Israel — de "Onde está o príncipe?" para "Onde está o esterco?". Como acontece sempre com a propaganda cruel inteligente, o nome pegou.

O que significava para Jezabul ser rainha de Israel? O povo dela era antigo e orgulhoso, já vivia em cidades centenas de anos antes de Javé falar a Abrão, o nômade errante. Seu povo tinha eruditos e poetas. Deram ao mundo o alfabeto; antes deles, culturas como a Mesopotâmia e o Egito usavam sistemas pictográficos de escrita. Ela adorava Baal, o antigo senhor do panteão cananeu. Israel adorava Javé, um deus menor sem-terra, com um povo formado de escravos e pastores, que só no último século rastejaram para fora do mar primordial do tribalismo para entrar na civilização da monarquia.

Criada no palácio real de um político inteligente, Jezabul aprendeu o que fazer para fortalecer uma nação: conquista e aliança. Em Acab ela encontrou um companheiro à sua altura, político tão habilidoso quanto ela e um homem que desejava levar seu país à idade moderna. Ele construiu novas cidades, formou exércitos e, como todos os bons reis da época, fez tratados com nações estrangeiras. Acab cultuou esses deuses estrangeiros ao lado do deus de seus pais.

---

7   Baal era um deus da fertilidade. Dormia durante o inverno, razão pela qual nada crescia, e tinha de ser acordado a cada primavera em um festival da fertilidade.

Jezabul se considerava comprometida a tornar Israel grande novamente, restaurando o culto de Baal que Josué e sua conquista rechaçaram? Ela se considerava uma voz progressista, que desafiava o tribalismo atrasado e a fé míope de Israel que ainda perduravam? O que ela devia pensar de Elias, o profeta de Javé que vivia no deserto, como um animal, vestido de peles de camelo e comendo insetos?

Acab e Jezabul eram um bom exemplo de casal reinante produtivo no Antigo Oriente Próximo. Sob seu domínio, Israel conheceu a paz durante vinte anos. Depois da morte de Acab, seus filhos reinaram sob a influência da mãe por quase outra década[8]. Quando assassinou Joram para acabar com a dinastia de Acab, Jeú também matou Jezabul, sugerindo que ela continuava sendo um poder por trás do trono.

Jezabul não era uma mulher sedutora que atraiu Acab para o pecado. Ela ganhou essa reputação em parte porque os profetas de Israel comparavam a idolatria à infidelidade sexual. Para Acab e Jezabul, a idolatria era o caminho para o poder. Eles desejavam o poder pelas razões que todos desejamos: proteção e segurança nacional, a capacidade para fazer o mundo como achavam que ele deveria ser. Reinavam como reinavam pelo bem da nação, para a prosperidade do povo. Estavam convencidos de que seus atos eram convenientes para uma Israel melhor. No entanto, estavam enganados.

DESFAÇA-SE DELE — AGORA

Adquirir poder faz sentido, especialmente em um mundo de medo. Se por natureza vamos entrar em conflito sobre nossa capacidade de progredir, tenho obrigação comigo e com os meus de *nos* proteger — ou de nos aliar a outros nós que protejam a todos nós *deles*. Os filósofos políticos chamam isso de contrato social. Em sua

---

[8] O filho mais velho de Acab, Ocozias, reinou só dois anos. Morreu ao cair de uma sacada. A família de Acab devia realmente ter evitado estruturas de dois andares.

influente obra *Leviatã*, o filósofo Thomas Hobbes insistiu no fato de que, para a humanidade em seu estado natural, a vida é "solitária, pobre, desagradável, estúpida e breve"[9]. A partir daí seu pensamento moldou a cultura ocidental, da Constituição dos Estados Unidos a *The Walking Dead*, de Robert Kirkman, e *Game of Thrones*, de George R. R. Martin.

Se Hobbes estivesse certo, nosso impulso imperial seria bom. Deveríamos acumular poder para assegurar a imposição de nossos costumes ao mundo. Hobbes, porém, estava errado. Nosso estado natural não é "solitário, pobre, desagradável, estúpido e breve". Quando vivemos como se assim fosse, nós nos desviamos de quem Deus nos criou para sermos. Fomos criados como administradores santos da muito boa criação divina. O tipo de vida que Hobbes descreveu, o modo de vida que vemos à nossa volta, não é natural. É consequência do pecado. O império não é a cura. É sintoma de nossa doença.

Jesus nos advertiu de que acumular poder não trará para nós a vida boa. Melhor dizendo, encontramos vida quando compartilhamos o poder. Em Marcos 10, dois dos discípulos de Jesus pedem-lhe posições de honra a sua direita e a sua esquerda quando ele tomar o poder[10]. Os outros discípulos ouviram isso e ficaram indignados (por não terem pensado em pedir primeiro), por isso Jesus deu-lhes um sermão:

> Sabeis que os que são tidos como governantes das nações exercem seu domínio sobre elas, e os chefes, o seu poder. Entre vós não deve ser assim. Aquele de vós que quiser ser o maior, seja o vosso servidor. E aquele de vós que quiser ser o primeiro, seja o servo de todos. Pois o próprio Filho do homem não veio para ser servido, mas para servir e dar a vida em resgate por muitos. (Mc 10,42-45)

---

9 HOBBES, THOMAS, *Leviathan* (transcritor: MALCOLM, NOEL), ed. Digital, Chios Classics, n.p. 2012, locação 1367.
10 A ironia é que eles não têm ideia do que estão pedindo. Dois rebeldes serão crucificados à direita e à esquerda de Jesus em seu momento de glória.

"Sabeis como o mundo funciona. Tudo é jogo de poder. Constroem impérios como crianças brincando de rei da colina. *Mas não é assim entre vós.*"[11] O maior no reino de Deus, segundo Jesus, é o que serve — o que está embaixo. No reino de Jesus, o poder flui na direção oposta — não para a pessoa no topo, mas do mais poderoso para o menos poderoso.

No reino de Jesus, qualquer poder, posição e influência que temos deve ser usado para o bem do outro — para eles, não para nós. Jesus repetida e rigorosamente destruiu as categorias de nós *versus* eles. Rico *versus* pobre. Judeu *versus* gentio. Santo *versus* pecador. Até céu *versus* terra.

As instruções de Jesus sobre poder baseiam-se em sua natureza como a segunda pessoa da Santíssima Trindade. Deus é essencialmente amor, um amor que Jesus define como o ato de desistir de si mesmo pelo bem do outro[12]. Deus é essencialmente um ser que dá para o bem do outro[13] e, como — o criador onipotente do universo, — cria seres que são eles mesmos criativos. Deus se desfaz do poder e o resultado final é *mais* poder, não menos. Esse Deus — que vemos revelado mais plenamente no próprio Jesus — não acumula poder, mas compartilha-o, até a morte.

Jesus resumia toda a *torah* de Deus, o caminho que leva à vida, em um mandamento duplo: "Amarás o Senhor teu Deus de todo o coração, com toda a tua alma, com toda a tua inteligência e com todas as tuas forças" e "Amarás o teu próximo como a ti mesmo" (Mc 12,28-31). O amor de Jesus não é um tipo de amor barato, sentimentalizado por um programa de televisão. É amor insistente, persistente, que abraça leprosos e prostitutas, fariseus e gentios. O amor de Jesus é

---

11 Cf. Mt 20,25-26. (N. do E.)
12 "Ninguém tem maior amor do que aquele que dá a vida por seus amigos" (Jo 15,13).
13 Essa é a razão pela qual a doutrina da Santíssima Trindade é tão fundamental para a Igreja. Porque existe como três em um, Deus dá e recebe livremente dentro da divindade. Deus é plenamente Deus — um doador — sem ninguém nem nada mais. Deus não *precisa* de nós. Deus é livre para nos criar por amor.

um amor ousado que se levanta contra a injustiça, que não tem medo de mencionar o pecado e que chama os marginalizados para o centro, enquanto manda os poderosos descerem de seus tronos. O amor de Jesus insiste que o outro é tão merecedor de amor e graça, paz e prosperidade quanto eu, mesmo quando esse outro crucifica.

O REINO INVERTIDO

A afetuosa abnegação é o caminho essencial de Deus. Cada letra da lei de Moisés nos conduz a este comportamento fundamental: amar a Deus e amar o outro. Deus insistiu desde o princípio que este é o caminho para a vida, para a prosperidade.

Em nome da segurança e do desenvolvimento, Acab e Jezebel aliaram-se a outros deuses além de Javé. Esses deuses acolhiam sacrifícios de crianças e ensinavam que os seres humanos foram criados para serem escravos dos deuses, o que resultava em uma injusta sociedade opressiva, em que a maioria era escrava dos sacerdotes e dos nobres. Os monarcas de Israel cultuavam esses outros deuses em nome de aliados poderosos, fronteiras mais seguras e tratados comerciais mais atraentes. Tornaram Israel exatamente igual às nações à sua volta.

Podemos não ser rainhas e presidentes, mas ainda cultuamos falsos deuses que nos prometem vida. Já não se chamam Baal, Moloc e Camos. Hoje reverenciamos o progresso (que afirma que podemos nos salvar por meio da ciência e do esforço), o consumismo (que nos diz que simplesmente precisamos daquela coisa nova ali para nos satisfazer), a segurança (que promete que mais alguns drones e armas, ou talvez um muro gigantesco, nos manterão seguros), e qualquer um da infinidade de outros deuses americanos[14]. Esses ídolos nos dizem que o caminho do progresso é diferente do amor de Deus e do outro.

---

14 Você sem dúvida precisa ler a clássica fantasia contemporânea de GAIMAN, NEIL, *American Gods*. [Cf. a versão brasileira: GAIMAN, N., *Deuses Americanos*. São Paulo, Conrad, 2011. (N. do E.)].

Aprendemos a resistir ao canto da sereia dos deuses americanos na comunidade da igreja. Se estamos dispostos a seguir o exemplo de Jesus de esvaziamento de si mesmo, nossas igrejas podem nos ensinar a, como Jesus, compartilhar o poder. O psiquiatra Scott Peck resumiu no livro *The Different Drum. Community Making and Peace* o caminho para uma comunidade que compartilhe. Ele chama essa comunidade de "Verdadeira Comunidade". A verdadeira comunidade desenvolve-se em quatro etapas[15].

1. PSEUDOCOMUNIDADE. Esta é a etapa de conversas amenas, de observações sobre o tempo e os filmes lançados recentemente. Nela, as pessoas evitam conflito, criando um espaço positivo que não tem lugar para sinceridade nem para emoções "negativas". *Parece* uma comunidade real, mas só porque todos se comportam bem. Embora o grupo seja formado por um grupo de outros, todos fingimos ser iguais pensando em nos dar bem.

A pseudocomunidade não é intrinsecamente má. Precisamos de uma etapa inicial como essa para lançar as bases da verdadeira comunidade.

2. CAOS. A segunda etapa é — prepare-se — o caos, ou: "as coisas pioram antes de melhorar". Quando a represa do falso caráter positivo se rompe (e ela vai acabar se rompendo), todas aquelas emoções negativas transbordam. Um dia alguém solta sua opinião política ou se queixa do hábito irritante de outra pessoa. Nesta etapa, todos estão finalmente se expressando, sendo quem realmente são, e os conflitos nós/eles vêm à tona. É o que Peck denomina de "caos bonito", porque é sinal de crescimento. Os membros do grupo sentem-se seguros expressando-se de modo mais autêntico.

Infelizmente, porque todos nós aprendemos que o conflito é ruim, o caos nem sempre se resolve de maneira salutar, revigorante. Em

---

15 PECK, M. SCOTT, *The Different Drum. Community Making and Peace*, New York, Simon and Schuster, 1998, 86-105. Sou grato à minha amiga Sue Sweeney por apresentar-me à visão geral que Peck tem de comunidade. Sue é especialista em currículo e instrução em um distrito escolar e faz parte do grupo de pregação em Catalyst, a igreja da qual sou pastor.

vez disso, muitos de nós ou saímos do grupo ou esperamos que cesse a explosão de egos. Se o grupo prefere — como fazem muitos — ignorar as questões levantadas e simplesmente fingir que nada aconteceu, volta a um estado de pseudocomunidade, garantindo que haja de novo uma erupção no caos.

Todos estivemos em igrejas, pequenos grupos, famílias, equipes de projetos ou relacionamentos em que esse padrão acontece várias vezes. Com o tempo, esses grupos se cansam e se dissolvem.

Felizmente, um ciclo de cansaço não é a única opção. Em vez disso, os grupos podem decidir passar para a terceira etapa: reduzir-se a nada.

3. ESVAZIAMENTO DE SI MESMO. Peck observa que as barreiras à comunicação autêntica são comportamentos e crenças que decidimos abandonar pelo bem dos relacionamentos. Esvaziar-se é a etapa mais difícil, porque significa morrer para si mesmo. Precisamos deixar de lado quem somos e nos esvaziar de nossos preconceitos, desejos de controle, desconfianças e mais. Precisamos decidir abraçar a franqueza, a generosidade, a vulnerabilidade e estender o benefício da dúvida aos outros de nosso grupo.

4. VERDADEIRA COMUNIDADE. A última etapa de Peck, a verdadeira comunidade, só é possível do outro lado do esvaziamento de si mesmo. Apenas quando todos os membros do grupo se comprometem com o esvaziamento, esses outros desiguais começam a ser um nós verdadeiramente unificado — um que não ignora diferenças significativas, encobrindo o grupo todo, pensando em uma paz superficial, baseada na dissimulação em vez de no desenvolvimento. Na verdadeira comunidade, somos amados pelo que verdadeiramente somos, não pelo que fingimos ser. E amamos os outros pelo que são verdadeiramente porque aprendemos que nossas diferenças nos tornam melhores.

O esvaziamento necessário para alcançar a verdadeira comunidade é o ato afetuoso de desfazer-se de si mesmo que Jesus nos mandou imitar. Quando introduzimos o caos no perfeito mundo divino, Deus não nos deixou à nossa sorte. Ao contrário, para referenciar Paulo, que citou um hino cristão primitivo,

Tende em vós os mesmos sentimentos que foram os de Cristo Jesus. Ele, embora subsistindo como imagem de Deus, não julgou como um bem a ser conservado com ciúme sua igualdade com Deus, muito pelo contrário, ele mesmo se reduziu a nada, assumindo condição de servo e tornando-se solidário com os homens. E sendo considerado homem, humilhou-se ainda mais, fazendo-se obediente até a morte, e morte de cruz! (Fl 2,5-8)

Em Jesus testemunhamos o divino esvaziamento de si mesmo, a doação de si mesmo em benefício de toda a humanidade. E Paulo nos chama para imitarmos Jesus: "Tende em vós os mesmos sentimentos".

Na última década, a cultura norte-americana entrou em um período de caos. A crise econômica de 2008, a eleição de nosso primeiro presidente não branco e a ascensão da mídia social, entre muitos outros fatores, deram voz a mais indivíduos do que nunca em nossa cultura. Segmentos inteiros da sociedade norte-americana que foram silenciados e ignorados durante séculos agora têm capacidade de falar para toda a cultura. O caos explodiu, sempre acompanhado de abuso e violência.

Como cultura, estamos em perigo muito real de trabalhar demais para silenciar essas vozes marginalizadas, de fazê-las calar-se ou ignorá-las em vez de realizar a difícil tarefa de esvaziar-nos, o que fazemos fechando a boca, escutando as pessoas de quem discordamos e pondo de lado nossos preconceitos, para tentar nos colocar no lugar do outro.

Deus saiu do céu e literalmente tornou-se um de nós. O mínimo que podemos fazer é nos esforçar para ver uma questão política do ponto de vista de nosso adversário. Precisamos nos esforçar para conseguir dizer "entendo" antes de afirmar: "discordo"[16].

---

16 Para um debate ser prático e proveitoso, as duas partes precisam ser capazes de articular a posição do adversário tão bem ou melhor do que o outro. Pense nisso um momento. Imagine seu próximo debate se você aderir a essa regra.

Nesta era, a Igreja tem uma grande oportunidade de servir de modelo para o esvaziamento de si mesmo, que é a própria essência do amor divino. Se nosso povo se reunir para cultuar independentemente de linhas partidárias, de aspectos sociais, de minúcias teológicas, se criarmos espaços onde as pessoas sejam acolhidas e amadas de modo que se sintam bastante seguras para permitir que o Espírito as conduza na difícil tarefa de transformação, então seremos uma força poderosa em nossa cultura.

Isso exige prática. Exige um compromisso implacável de extirpar o privilégio, a parcialidade e o preconceito e ser rápido para escutar, lento para falar e ainda mais lento para se zangar. No entanto, quando aprendemos a seguir Jesus no ato constante de morrer para nós mesmos pelo bem do outro, encontramos a verdadeira comunidade. Aprendemos a amar, não porque ignoramos as esquisitices e fingimos que as diferenças não importam. Aprendemos a amar *por causa* de nossas diferenças, porque união não é o mesmo que uniformidade.

E se Acab e Jezebel tivessem abraçado esse jeito invertido que Deus deu a Israel? Como Jezebel seria lembrada se ela tivesse utilizado bem seu poder e sua posição para Israel como Deus mandou? O poder não nos transforma automaticamente em vilões. Ele é uma boa dádiva de Deus, oferecido para ser compartilhado com os que estão à nossa volta. Fomos criados para seguir o caminho do esvaziamento. Podemos evitar os jogos de poder que caracterizam uma parte tão grande de nosso mundo. Quando somos fiéis, o Espírito nos faz luz para um mundo cansado das histórias insatisfatórias e bestiais que vivemos.

7

HERODES, O GRANDE

Quando Herodes percebeu que havia sido enganado pelos magos, ficou bastante enfurecido, e mandou matar todos os meninos de Belém e dos arredores, de dois anos para baixo, exatamente conforme o prazo de que havia sido informado pelos magos.

(Mt 2,16)

Herodes Magno contemplou a morte de seu reino. Havia talvez uns dez vultos envoltos em sombra de pé atrás do arauto real. O sol da tarde entrava pelas janelas bem no alto e velas acesas decoravam cada peça ao longo das paredes. Ainda assim, a luz não chegava aos magos, cuja pele escura aparecia através dos mantos de seda bordados. Herodes conseguia discernir mensagens inescrutáveis escritas a tinta. Amuletos pendiam de correntes: pedras adornavam todos os dedos, ou estavam penduradas nas orelhas e — Herodes não tinha dúvida — escondidas em bolsos e dobras secretas. Véus davam a única indicação de que ao menos três deles eram mulheres. Um poder antigo ressoava do grupo que permanecia silencioso, as cabeças respeitosamente inclinadas.

O arauto limpou a garganta e, embora sua mão tremesse, falou com a voz era firme:

— Permiti-me apresentar a Vossa Alteza os mágicos da Pártia. Trazem saudações de sua augusta majestade Ársaces da Pártia, vigésimo quarto de seu nome, rei de reis e senhor de senhores. — O arauto fez uma pausa e olhou de soslaio para os magos. Agora sua voz estava realmente trêmula: — Estes humildes servos vieram prestar homenagem ao recém-nascido rei dos judeus.

Herodes levantou-se devagar, a mão pesada no leão dourado que era o braço do trono, para que os joelhos não tremessem. Correu os olhos pela sala, perguntando-se pela centésima vez naquele dia quais das cortesãs eram espiãs de Augusto. Ninguém enfrentou seu olhar. Quem estava anotando cuidadosamente cada palavra? Quem ia escapulir dali para relatar a Roma tudo que Herodes dissera e fizera?

O rei deu um sorriso largo e amigável para os vultos escuros:

— Bem-vindos, queridos amigos. Peço desculpas por meu arauto. Vou substitui-lo por alguém que entenda vossa bela língua. Entendo o que quereis dizer e vos agradeço a visita.

Enquanto o arauto encolhia-se de medo, Herodes fez um gesto em direção ao recém-coroado príncipe:

— Meu filho e herdeiro, Herodes Antipas, agradece vosso senhor, Ársaces, por sua amável consideração para conosco. Esta noite daremos uma festa em vossa honra e, naturalmente, celebraremos o novo príncipe de Israel.

Enquanto Herodes se jogava de volta no trono, um dos mágicos deu um passo à frente. interrompeu a tradução do arauto e falou em aramaico perfeito:

— Alteza, o problema não é o entendimento da língua.

Franzindo a testa, Herodes inclinou-se no trono.

— Sou Melquior, Alteza, e estamos a par das ações traiçoeiras de teu filho Antipas II: a maneira — como ele tentou matar-te e que por isso foi despojado da coroa. Desejamos a teu filho, Herodes Antipas, vida longa e saúde, mas viemos prestar homenagem ao recém-nascido rei dos judeus.

O sorriso de Herodes diminuiu um pouco. Os magos eram diplomatas incrivelmente francos. Talvez não demorasse até que ele pudesse livrar-se deles.

— Peço desculpas, amigos, mas parece haver um engano. Não nasceu nenhum novo rei.

Melquior não se deixou intimidar. Levou majestosamente o braço acima da cabeça, raios de luz emanando de seus dedos.

— Alteza, as estrelas não mentem. Vimos sua estrela quando ela surgiu há muitos meses. A mudança está escrita no céu, nobre Herodes. Assim, nosso sábio rei Ársaces — (que seu governo dure para sempre) — ordenou-nos que viajássemos até vós a fim de apresentar a boa disposição de Pártia para com esse rei de Israel — enquanto falava, Melquior erguia mais a voz a cada palavra, até que, embora não gritasse, ela ressoou pela sala do trono.

Herodes inflamou-se.

— Teus truques impressionam, senhor Melquior. Não tenho dúvida de que teu conhecimento dos céus seja ainda mais impressionante. Se o que dizes é verdade, — e é claro que é, — precisamos consultar nossos livros sagrados. Poderias me dar licença para deliberar com meus escribas? Aproveita a hospitalidade de minha casa.

Melquior fez uma reverência.

— Podemos nos oferecer para ajudar teus escribas, Alteza? Talvez nosso conhecimento melhore tua busca.

— Vossa viagem foi longa, meus amigos. Não precisais vos preocupar com uma questão tão simples. Por favor, descansai. Mandarei buscar-vos amanhã. — E, então, Herodes chamou um escravo: — Prepara aposentos na ala de César. Certifica-te de que eles aproveitem toda a hospitalidade que temos a oferecer. — E, na sequência, Herodes pensou: "Que eles lembrem a quem eu sirvo".

Melquior fez outra reverência, desta vez em silêncio.

Assim que eles saíram da sala do trono, Herodes levantou-se com dificuldade. Antipas veio ajudá-lo a descer a longa escada, mas o rei afastou-lhe a mão e cuspiu nele:

— Idiota! Reúne os escribas. Todos eles. Em meus aposentos. *Agora!*

Assim que o filho saiu apressado, o velho rei desceu as escadas com dificuldade e dirigiu-se à sala do conselho.

~

Herodes entrou mancando na sala do conselho e, em meio aos sussurros que as vozes exaltadas se transformaram, correu os olhos pelos bajuladores e hipócritas, sendo o principal entre eles seu novo sumo sacerdote, Matias.

— O que há de verdade nessa história? — Herodes perguntou após se sentar.

Matias apressou-se a tranquilizar o rei:

— Examinamos as profecias, Alteza, e não vemos nenhuma razão para dar crédito a esses mágicos. Em todo caso, o Senhor desaprova feitiços e presságios. Por que ele anunciaria isso aos gentios, mas não a seu povo? Não, devemos agradecê-los e mandá-los embora.

— Idiota — Herodes bufou. — Não falo de profecias. Nasceu um usurpador asmoneu? Ou alguém da linhagem de Davi?

— Não, Alteza, nada importante. Somente cochichos e boatos.

— Idiota! — O tom de Herodes era frio como ferro. — Boatos destruíram homens melhores que tu. — Dize-me, Matias, o que Augusto vai pensar quando ouvir o *boato* de que um enviado de seus inimigos do Oriente se encontrou conosco? O que o César de Roma vai fazer quando ouvir o *boato* de que nasceu um novo rei dos judeus, embora eu não tenha lhe contado nada disso? Esses *boatos* vão fazê-lo sentir-se misericordioso?

Antes que Matias pudesse responder, Herodes continuou:

— Quando Roma, com suas legiões, atacar Jerusalém vindo do Ocidente e a cavalaria da Pártia avançar sobre nós vinda do Oriente, cochichos e boatos vão salvar tua vida miserável e as vidas de tua mulher e teus filhos?

Matias, branco como suas vestes do templo, gaguejou:

— Nã-Não, Alteza.

— Então, vamos rezar para que tua idiotice não tenha condenado todos nós. Dize-me o que ouviste.

Ouviu-se um grito vindo do fundo da sala:

— O Messias nasceu. Preparemos o caminho do Senhor — disse um velho sacerdote, quase escondido pelos colegas. Seus olhos brilhavam com o inconfundível fulgor do zelo religioso.

Os outros procuraram fazê-lo calar-se, mas Herodes bateu na mesa e exigiu silêncio.

— Quem és tu, sacerdote? Explica-me o que queres dizer.

O velho adiantou-se arrastando os pés.

— Sou Zacarias, filho de Simeão, sacerdote da ordem de Abia. Como nosso pai (Abraão), o Senhor não julgou conveniente conceder-me um filho até eu ficar velho. E como nossa mãe (Sara), minha mulher, Isabel, concebeu, embora já avançada em anos. Um mensageiro do Senhor anunciou seu nascimento e prometeu que ele seria Elias, que voltaria a fim de preparar nosso povo para o Messias.

Outro sacerdote — um dos lacaios de Matias — tentou mais uma vez calar Zacarias com gritos, falando de onde estava:

— Preferiríamos teu voto de silêncio, seu bode velho. Vamos exultar por esse suposto Messias porque finalmente aprendeste a fazer filho?

Herodes notou que Zacarias não mordeu a isca. Só replicou com a segurança dos profetas de antigamente:

— O Messias nasceu. Perguntai aos que moram em Belém. Precisamos preparar o caminho.

— Por que Belém? — Herodes resmungou para Matias.

— Boatos, Alteza. — Matias olhou para Zacarias com animosidade e fúria. — Há alguns meses, recebemos a notícia de que um menino nasceu em Belém. Um menino da linhagem de Davi.

A voz de Herodes soou como uma espada na garganta do sumo sacerdote:

— Por que só agora estou ouvindo falar disso?

Percebendo uma chance de afastar a culpa de si mesmo, Matias respondeu sem pensar:

— Na época, Simão era o sumo sacerdote, Alteza. Ele não achou que a informação merecia vossa atenção.

— Simão tramava, com meu filho traiçoeiro, me envenenar. Ele, já se vê, reteve as informações sobre um menino Messias!

Matias acovardou-se quando Herodes ergueu a voz:

— Mas eu nomeei a *ti, em seu lugar*, por tua lealdade à coroa. Então, por que *tu* não me contaste imediatamente?

Matias gaguejou em tom de desculpas:

— Qu-Quando fui nomeado, Alteza, os boatos já haviam sido investigados. Seguimos sua pista até um grupo de pastores que alegavam ter recebido a revelação por meio de mensageiros angelicais. — Matias engoliu em seco.

Zacarias interveio de novo:

— O Senhor disse ao profeta Miqueias: "E tu, Belém-Efrata, pequena entre os clãs de Judá, é de ti que sairá para mim aquele que deve governar Israel". O Senhor prometeu a Ezequiel que ele enviaria um pastor justo para eliminar todos os homens perversos que exploram os pobres e maltratam suas ovelhas — enquanto falava, Zacarias olhava diretamente para Matias. — Deveríamos, então, ficar surpresos que o Senhor preferisse anunciar primeiro a pastores a vinda deste pastor?

Matias voltou-se para Zacarias e disse com desdém:

— São pastores. Homens inúteis. Quem acreditaria que são arautos do Messias?

Herodes interrompeu-o com um brado:

— Basta! És uma ameaça quase tão grande como Simão. Grande coisa ser traído por tua idiotice em vez de tua conspiração. Não importa se esse Messias nasceu ou não. O que importa é que as pessoas *acreditam* que ele nasceu. Por que Davi tomou o trono de Saul? Porque o povo o amava. E por que Roboão perdeu o reino do pai, Salomão? Porque o povo era contra ele. Por que o nobre Augusto derrotou Marco Antônio para tomar seu lugar legítimo como César? *Porque o povo o amava*. — Temos gozado paz há mais de trinta anos. E achas que boatos de um menino que é o Messias não merecem minha atenção? Quando por trás desse menino existem profecias e boatos de mensageiros angelicais, achas que não devo me preocupar com essa trivialidade? — Herodes percebeu que de algum modo saíra vitorioso e gritou: — Fico sabendo disso quando mágicos da Pártia batem às portas de meu palácio, clamando que as próprias estrelas anunciaram seu nascimento? É *então* que em tua grande sabedoria julgas que eu deveria ficar sabendo?

Matias encolheu-se de medo diante da famosa fúria de Herodes e gaguejou:

— Al-Alteza.

— Fora! — Herodes bradou. — Quando eu estiver pronto para entregar meu reino a imbecis e idiotas, eu vos chamarei de novo!

Os sacerdotes e escribas saíram o mais depressa que puderam. Só Antipas e seu general mais importante ficaram para trás. A fúria herodiana esfriou quando a sala se esvaziou e ele se voltou para coisas práticas:

— Precisamos nos livrar desses mágicos o mais depressa possível.

O general limpou a garganta.

— Alteza, a Pártia é forte e um vizinho muito mais próximo que Roma. Devemos considerar fazer desta visita o início de uma — amizade proveitosa.

Herodes voltou-se para ele:

— Eliab, como é que meu mais velho amigo pronuncia as palavras de um traidor?

— Só um imbecil não pesa todas as opções. E meu rei não é nenhum imbecil.

Herodes resmungou:

— Imbecil é quem acredita que a escolha entre Roma e o mundo todo é, de algum modo, uma escolha. Precisamos fazer com que se saiba, com toda a certeza, que Herodes não é amigo da Pártia.

Eliab sustentou o olhar fixo de Herodes, mas assentiu com a cabeça.

— Temos até de manhã.

Herodes recostou-se na cadeira e fechou os olhos.

— Como poderemos nos livrar desses mágicos problemáticos? E como vamos lidar com esse suposto Messias?

~

Herodes sentou-se mais uma vez no trono. O arauto anunciou a chegada dos mágicos, sua pronúncia treinada notavelmente mais fluente que a do antecessor. Mais uma vez, os mágicos estavam envoltos em silêncio e sombra. Mais uma vez, Melquior deu um passo à frente para falar por eles, mas Herodes falou primeiro:

— Grandes mágicos da Pártia, nós vos agradecemos vossa visita. Obviamente a sabedoria de Pártia excede a nossa. Atendendo a vosso pedido, meus escribas mais sábios examinaram minuciosamente nossos livros sagrados e descobriram que esse rei recém-nascido dos judeus de quem falais é nosso tão esperado Messias. Estamos muito envergonhados, pois nós, que esperamos tanto tempo seu nascimento, não lhe demos as boas-vindas. Desejamos nos corrigir. É óbvio que temos muito que aprender com a amizade da Pártia. Compartilhareis o que souberdes conosco, para que possamos dar as boas-vindas ao ungido de Deus?

Melquior não deu sinais de que o tom mais conciliatório de Herodes o surpreendeu. Apenas fez uma reverência e disse:

— A Pártia está satisfeita por chamar Israel de amigo. Como podemos servir-vos?

— Sabemos que o Messias devia nascer em Belém, um vilarejo não muito distante daqui. Seu único mérito é ser o lar ancestral de nosso maior rei. Dizei-nos, quando ele nasceu? Quando sua estrela apareceu?

— A estrela apareceu há quase dois anos, Alteza. Agradecemos vossa ajuda. Partiremos imediatamente para Belém.

— Posso pedir-vos mais uma gentileza? — Herodes esforçou-se para continuar descontraído enquanto armava a cilada.

— Naturalmente, Alteza. Como a Pártia pode vos servir?

— Quando encontrardes o menino, voltai aqui e dizei-nos como também nós podemos ir adorá-lo. Israel já ficou tempo demais sem seu rei verdadeiro.

Melquior fez outra reverência.

— Será como dizeis, Alteza.

Depois que os mágicos saíram, Herodes olhou para Eliab. O general assentiu e disse:

— Meus dois melhores espiões os aguardam em Belém.

— Ótimo! — Herodes não notou como a própria voz estava trêmula. — Se não conseguirmos pôr as mãos no menino antes que o relato dos partos chegue até Augusto, estamos acabados.

~

Herodes foi, mais uma vez encontrando dificuldade, até a sala do conselho, onde Eliab o esperava. O velho rei sentou-se e dispensou o copeiro. Quando ficaram sozinhos, ele falou bruscamente:

— Quais são as notícias de Belém? Já se passou quase uma semana.

Eliab franziu as sobrancelhas:

— Os mágicos não estão em Belém, Alteza. Nem retornaram a Jerusalém. Creio que voltaram para a Pártia.

— Não! — Herodes arremessou o cálice no general.

Eliab não tomou conhecimento do abuso, nem de que o cálice caiu bem perto dele, espirrando vinho em suas sandálias.

— Eu não te disse para enviares teus melhores espiões?

O general franziu mais ainda as sobrancelhas.

— Os dois que mandei irem atrás dos partos são os melhores espiões de Israel, Alteza. Confio neles com minha vida.

— Isso parece ter sido um erro — Herodes resmungou ameaçadoramente.

— Alteza, eles são mágicos de Pártia. Esperáveis sinceramente que poderíamos espioná-los, se eles não quisessem? Esperáveis que poderíamos exigir qualquer coisa deles que eles não estivessem dispostos a oferecer? Não sabemos como escaparam, exceto que foi por meio de magia. Não sabemos onde o menino está, mas Belém é um povoado pequeno. Nós o revistaremos. Descobriremos o menino. Iniciarei uma investigação discreta.

— Não! — A ira de Herodes deu lugar ao medo enquanto ele descrevia as consequências da traição dos magos. — Se os mágicos encontraram esse Messias, sua família fugirá ao primeiro sinal de perigo. Não podemos nos dar ao luxo da discrição.

— Muito bem, Alteza. Mandarei trazer-vos o menino imediatamente.

— Não. É tarde demais para isso. Se os espiões do imperador ainda não enviaram mensagem a Roma, logo o farão. Não devemos deixar nenhuma dúvida de que somos do grupo de Augusto.

Herodes ficou um momento em silêncio, até que então perguntou:

— Quantos meninos de dois anos ou menos calculas que vivem em Belém?

— Com certeza não mais que seis ou sete, Alteza.

— Sete meninos. — Herodes mal hesitou: — Mata-os a todos.

— Alteza?

— Tu me ouviste. Mata todos os meninos de dois anos ou menos em Belém. O que é melhor: sete meninos hoje ou setecentos quando as legiões de Roma nos atacarem? Vais matar esses meninos. Que os gemidos de suas mães anunciem a Augusto que não temos nenhum amor pela Pártia ou seus mágicos.

— Sim, Alteza. — Eliab fez uma pausa enquanto se preparava para sair. — Pensais que é verdade? O Messias nasceu?

— Não faz diferença... — a voz do velho rei soou como ferro e ele se agarrou com mais força à cadeira. — Que esperança tem o deus de Abraão, Isaac e Jacó contra o poder de Roma? Messias ou não, essa criança morrerá. Para o bem de todos nós.

8

ENTRE ROMA E UM LUGAR DIFÍCIL

Vivendo em um mundo de escolhas impossíveis

Um dos meus filmes favoritos é *Medo da verdade*[1], uma história policial *noir* que representa uma verdade que não gostamos de admitir: às vezes, não existe nenhuma boa decisão. Na trama, o detetive particular Patrick Kenzie e sua parceira/amante Angie Gennaro são contratados pela família de Amanda McCready, uma garotinha de quatro anos que foi raptada, e logo os dois ficam sabendo que a mãe da menina sofre com o vício em entorpecentes e é carente. Ela ama a filha, mas está envolvida demais na própria vida para proporcionar um lar estável à criança.

Enquanto o caso dá reviravoltas, Patrick e Angie acabam encontrando a pequena Amanda sã e salva na casa de um casal cuja filha fora raptada e morta quando criança.

Patrick e Angie, então, enfrentam uma escolha impossível. Amanda foi raptada e obviamente deve ser devolvida à mãe de sangue, po-

---

1 *Gone Baby Gone* (Estados Unidos, 2007). O filme baseia-se no livro do mesmo nome por Dennis Lehane, autor de romances policiais objetivos, de tom *noir* e escritor assistente de *The Wire*, um dos melhores espetáculos televisivos de todos os tempos.

rém sua vida será muito melhor se ela ficar onde está, com pais adotivos que não só a amam, mas também lhe dão prioridade. As duas opções estão certas e, ao mesmo tempo, erradas.

A falta de uma boa escolha é a razão pela qual muitas pessoas não gostam do gênero *noir*. Assistimos a filmes ou lemos livros para fugir da realidade. Queremos viver em um mundo — mesmo que seja apenas por duas horas — no qual sabemos quem são os mocinhos e temos a certeza de que eles sempre vencem. O *noir*, porém, nos força a reconhecer que a realidade raramente é tão bem definida quanto desejamos.

O impulso de evitar os tons cinza da realidade é a razão de não lermos a parte herodiana da narrativa natalina quando nos reunimos para cantar "Noite Feliz" e acender velas. Não podemos imaginar celebrar o nascimento de Jesus ao lado das mortes dos bebês de Belém. Para Mateus, porém, Herodes faz parte do nascimento de Jesus e quer que o vejamos como um rei corrupto, idiota, a antítese daquilo que um verdadeiro rei do povo de Deus deveria ser. O verdadeiro Herodes espreita entre os versículos da narrativa mateana. Se olharmos bem de perto, veremos um rei em uma situação impossível, concentrando toda a sua astúcia considerável para encontrar uma saída.

Déjà-vu mais uma vez

Por que a aparência dos magos provoca uma reação tão violenta de Herodes? A cena tradicional da natividade apresenta três homens bem-vestidos, não raro de origem étnica indeterminada, segurando caixinhas de presentes. Os supostos três sábios reúnem-se na manjedoura com os pastores e a Sagrada Família, vindos para adorar o menino Jesus recém-nascido. Pastores e reis ajoelhados diante do Deus do universo deitado em uma manjedoura formam uma imagem que impressiona, mas quase todos os elementos de nossa descrição dos magos são inventados.

Para começar, a Bíblia nunca diz que havia três deles — eles trouxeram *três presentes*, mas não são enumerados[2]. Além disso, não aparecem na cena da manjedoura porque só chegam à Judeia quando Jesus completou dois anos de idade. Nossas cenas da natividade são uma composição: a estrutura lucana — a manjedoura, pastores e um coro angelical, com o acréscimo dos pedacinhos bons da narrativa mateana.

Assim, quem são esses magos? Mateus nos diz que eles são "do Oriente" (Mt 2,1). A leste de Israel ficava Pártia, herdeira da antiga Pérsia e império que causou a Roma um sem-número de preocupações. A palavra *magos* vem do grego da Pérsia, local em que era referida como a casta sacerdotal da religião zoroastriana. Ler as estrelas fazia parte de seu trabalho. E Herodes, quando lhes perguntou o propósito da visita, obteve como resposta que procuravam o recém-nascido rei dos judeus porque viram "a sua estrela no Oriente" (Mt 2,2)[3].

Parece que os três sábios de nossas cenas da natividade eram enviados da Pártia e que pois leram nas estrelas que nascera um novo rei dos judeus. Pártia estava ansiosa para tirar proveito da mudança de regime, por isso os preparativos para a viagem de mil e seiscentos quilômetros. Os mágicos chegaram à capital, Jerusalém (onde mais alguém procuraria um rei recém-nascido?), só para descobrir que o regime atual não fazia ideia do que acontecera. Sua presença gerou muita confusão no palácio.

Quanto a Herodes, ele já vira isso antes. Seus primeiros quarenta anos de vida tinham sido de guerra constante enquanto a dinastia

---

[2] A tradição da Igreja atribui nomes aos três magos fictícios. A catedral de Colônia, Alemanha — que é a segunda maior do mundo —, tem até as relíquias desses três reis em exposição.

[3] Embora os vocábulos *mágica* e *mágico* tenham origem em *magos*, os zoroastrianos não praticavam a magia. De certa forma, viam a astrologia da mesma maneira como hoje pensamos na ciência mais avançada. Os gregos realmente usavam a palavra *magos* para se referirem a feiticeiros e mágicos, fazendo o termo ter o significado que tem hoje.

israelita independente asmoneia implodia[4]. Seu pai, Antípater, fora conselheiro do último rei asmoneu. Durante a guerra civil asmoneia Antípater apelara a Roma, que interferiu para subjugar o conflito na pessoa do grande general Pompeu.

Era 63 a.C. Herodes tinha por volta de dez anos quando as legiões de Pompeu derrubaram os muros de Jerusalém e invadiram o Templo. O próprio Pompeu lá entrou, violando o Santo dos Santos. Para Herodes, de criação judaica, tal ato seria impensável. A santidade divina era perigosa até para os judeus[5]. A santidade de Deus concentrava-se mais no Templo, no Santo dos Santos (uma forma bem hebraica de dizer "o lugar mais santo"), dentro do qual habitava a presença física de Deus na terra. Mesmo o sumo sacerdote judeu só podia entrar ali uma vez por ano, no Dia da Expiação[6]. Qualquer judeu ficaria desolado se visse um gentio invadindo o Santo dos Santos. Pompeu, o Grande, general das legiões romanas, enviou a mensagem óbvia: Javé não é páreo para Roma.

Herodes alcançou a idade madura em um mundo de mudanças de fidelidade e guerra constante em Israel e também em Roma. Depois de Júlio César ser assassinado em 44 a.C., Roma descambou para uma guerra civil entre Bruto, Cássio e o senado romano, de um lado, e a aliança de Marco Antônio e Otaviano, filho adotivo e herdeiro de César, de outro. Antônio ficou impressionado com Herodes, por isso nomeou-o rei dos judeus e o incumbiu de colocar Israel sob o controle total de Roma.

---

4   A dinastia asmoneia foi fundada pelo irmão de Judas Macabeu, líder da rebelião que libertou Israel do controle estrangeiro pela primeira vez desde o exílio babilônio. A dinastia durou cerca de um século.
5   Quando os filhos de Aarão ofereceram sacrifícios profanos, foram queimados vivos (Lv 10,1-2). Um homem chamado Oza morreu quando tocou a Arca da Aliança para impedir que ela caísse (2Sm 6,6-7).
6   Uma lenda cabalística afirma que o sumo sacerdote usava sinos ou uma corda amarrada no tornozelo caso ele morresse na presença de Deus. Não há base histórica para essa lenda, mas capta o sentido de perigo associado à santidade divina.

Como seus pais não eram asmoneus, Herodes sabia que, aos olhos do povo judeu, sua reivindicação ao trono era fraca. Ele se divorciou da primeira mulher, Doris, e baniu-a juntamente com o filho Antípater II, para poder casar-se com Mariana I, princesa asmoneia. Em 37 a.C., derrotou seu último inimigo e se tornou rei dos judeus, de nome e na prática[7].

A vitória de Herodes significou décadas de paz para a Judeia, após vinte e cinco anos de guerra quase constante. No entanto, a agitação em Roma ameaçava a coroa de Herodes. Depois de derrotarem Bruto e Cássio, Antônio e Otaviano tentaram governar juntos, porém sem sucesso — Otaviano a partir de Roma e Antônio, do Egito[8]. Seu conflito degenerou em guerra mais uma vez e Otaviano triunfou em 31 a.C. Otaviano declarou-se César Augusto e começou a pôr o império em ordem — o que foi má notícia para Herodes, que devia seu reino a Antônio.

Antes que Augusto pudesse voltar a Roma, Herodes apressou-se a encontrá-lo em Rodes, onde, em uma perfeita exibição de sua astúcia política entregou-se à mercê de Augusto. Por sua vez, este sabia que ele tinha sido devotado a Antônio e, em vez de negar, Herodes adotou a lealdade ferrenha como sua melhor qualidade, oferecendo-a a Augusto.

Impressionado com a esperteza e a audácia de Herodes, Augusto confirmou-o em confirmou sua realeza. Como a Judeia era uma das províncias romanas mais a leste, Augusto dependia dele para manter essa província estável e tranquila. A pior coisa que poderia acontecer era Herodes ser incompetente. Como Augusto tinha lhe oferecido uma segunda chance, e por saber que não teria uma terceira,

---

7   Esse inimigo era apoiado por nada menos que Pártia, que desejava explorar a guerra civil romana a fim de tomar Israel para si. Este assunto será novamente abordado mais adiante.

8   Antônio tornou-se metade do primeiro casal de poder, Antônio e Cleópatra. É uma pena não terem recebido um nome de casal de poder: Antopatra? Clantônio?

Herodes passou o resto da vida afirmando abertamente sua lealdade a Augusto[9].

Se Jesus nasceu por volta de 6 a.C., como julgam muitos estudiosos, Herodes tinha quase setenta anos quando os magos chegaram, ameaçando sua frágil paz mantida por meio de pura força de vontade. Ele não ia entregar essa paz nem seu trono sem luta.

O presente dos magos

O enviado dos partos procurava para o trono de Jerusalém um rei favorável a seus interesses. A Pártia já tinha feito isso: Herodes obteve o reino de Aristóbulo II, colocado no trono pelo irmão do rei parto Arsace XXII, que governava no tempo do nascimento de Jesus. A vitória de Herodes fizera parte de um grande conflito entre a Pártia e Roma, com Marco Antônio liderando os exércitos romanos em apoio de Herodes.

Quer Augusto tivesse ou não espiões em Jerusalém, Herodes estava certo de que ele tinha e acreditava que Roma ficaria sabendo da visita dos magos. No mínimo, Augusto pensaria que Herodes estava colaborando com os inimigos de Roma e o destronaria, executando-o como traidor. Era também possível que explodisse a guerra entre Roma e a Pártia; isto poderia recair sobre Israel que, como antes, ficaria preso entre duas potências.

Como Herodes podia reagir? Ele se posicionou tal qual um aliado potencial dos partos, ficou sabendo pelos escribas e sacerdotes onde se dizia que o Messias tinha nascido e, então, mandou os magos seguirem caminho com a promessa de voltarem com um relato com-

---

9 Por exemplo, Herodes usou tecnologia de planejamento de vanguarda para criar um porto. Construiu uma cidade portuária e deu-lhe o nome de Cesareia Marítima, "César no litoral". Na colina que se elevava acima do porto, Herodes construiu um templo e o dedicou a Augusto. Tudo isso enfureceu os judeus, por isso, para aplacá-los, Herodes expandiu o templo de Javé em Jerusalém. Quando essa imponente renovação terminou, o templo judaico era a inveja do mundo antigo.

pleto. Eles não voltaram, e Herodes "ficou bastante enfurecido" (Mt 2,16). Com certeza, tentou adivinhar quanto tempo levaria para a notícia chegar a Roma e como para Augusto o desenrolar dos acontecimentos poderia ser outra coisa além de traição e conluio com o inimigo. A última chance de Herodes era agir decisiva e publicamente, enviando a mensagem de que ele era vassalo de Roma até o fim.

No tempo de Jesus, a população de Belém compunha-se de aproximadamente trezentas pessoas, o que significa que o total de meninos de dois anos ou menos seria sete ou oito[10]. Sete crianças pesavam contra a segurança de Herodes. A vida delas pesava contra uma nação. Para Herodes, isso não era escolha. Ele viu o pai, o irmão e amigos morrerem. Executou a esposa amada e três dos filhos por tramarem contra ele. O que eram sete meninos sem nome, os quais ele jamais conheceria?

Como muitos dos reis de Israel antes dele, Herodes confiava em outros deuses além de Javé para a segurança pessoal e nacional. Sua submissão a Roma era sólida, e seu medo o transformou em um monstro. A idolatria sempre tem esse efeito.

Herodes vivia dias difíceis e era como se estivesse em uma situação impossível. Passou a vida toda ajustando-se entre Roma, o povo judeu, a Pártia, outros países vizinhos, sua família, suas ambições e mais. No fim, porém, o caminho que escolheu para negociar transformou-o no único verdadeiro vilão da narrativa natalina; o rei dos judeus que estava tão longe de Deus que não só perdeu o nascimento do Messias, mas também tentou matá-lo.

Como Herodes, não vivemos em um mundo de escolhas fáceis. Achamo-nos presos entre compromissos impossíveis. Em um mundo que tem todos os tons de cinza, qualquer escolha parece concessão. Assim, como temos certeza de não estarmos seguindo os passos

---

10 FRANZ, GORDON, The Slaughter of the Innocents. Historical Fact or Legendary Fiction?, *Biblical Archaeology*, 8 dez. 2009. Disponível em: <https://biblearchaeology.org/research/new-testament-era/2411-the-slaughter-of-the-innocents-historical-fact-or-legendary-fiction>.

de Herodes? Em um mundo que tem todos os tons de cinza, como escolher entre o mau e o pior?

Escorregando pelas beiradas

Mesmo com essa janela para a vida de Herodes, temos dificuldade em imaginar como ele poderia ordenar a morte de crianças. Como nação, porém, também trocamos a vida de crianças por segurança. Estima-se que só no Paquistão, em 2014, o programa de drones lançado pelo presidente Barack Obama matou cento e quarenta e duas *crianças* enquanto perseguia vinte e quatro suspeitos de terrorismo. Apenas seis desses homens foram mortos nesses ataques por drones[11]. E isso é só no Paquistão e só até 2014. Somos rápidos em difamar Herodes por ordenar a morte de sete meninos de Belém, mas muitos americanos não dão nenhuma atenção ao programa de drones dos Estados Unidos que vem matando crianças e chamando isso de danos colaterais, pela maior parte de uma década. Louvamos nossos drones como o próximo nível de guerra, como algo razoável e no melhor interesse da segurança nacional. Quando pesamos a vida de crianças sem rosto que vivem do outro lado do mundo contra nossa paz de espírito e preferimos nos sentir a salvo, estamos com toda a certeza seguindo os passos de Herodes, não os de Deus.

Um problema mais grave é que a grande maioria de nós tem apenas uma vaga ciência de que os Estados Unidos e seus aliados tra-

---

11 ACKERMAN, SPENCER, 41 Men Targeted but 1,147 People Killed. US Drone Strikes — the Facts on the Ground, *The Guardian*, 24 nov. 2014. Disponível em: <www.theguardian.com/us-news/2014/nov/24/-sp-us-drone-strikes-kill-1147>. Acesso em: 16 nov. 2021. ZENKO, MICAH, Obama's Drone Warfare Legacy, *Politics, Power, and Preventive Action* (blog), 12 jan. 2016. Disponível em: <www.cfr.org/blog/obamas-drone-warfare-legacy>. Acesso em: 16 nov. 2021. O artigo mostra que, desde 2016, drones dos Estados Unidos mataram 470 civis, o que representa mais de 12% do total de mortos. Em geral, concorda-se que o número é muito conservador, dada a dificuldade de se obter relatos exatos do número de vítimas.

vam guerras de drones. Não fazemos ideia do preço que pagamos por nossa sensação de segurança (e é só sensação, dado que a guerra de drones não reduziu drasticamente a ameaça de terror nos países onde foi utilizada). O Paquistão pode bem ser uma Belém dos últimos dias, ignorada e desconsiderada como insignificante país atrasado. E, enquanto suas crianças morrem às dezenas, fingimos que não ouvimos as lamentações de suas mães, assim como quando Herodes se recusou a ouvir o choro de Raquel por causa de seus filhos (parafraseando Mt 2,18).

Como Herodes, temos preocupações mais urgentes, mais imediatas do que estranhos anônimos na outra metade do mundo. Ao contrário de Herodes, nossas lutas são muito mais vulgares. Não estamos divididos entre Roma e a Pártia. Negociamos compromissos com o trabalho, a família, a fé e o cuidado pessoal. Como tirarmos férias suficientes? Exatamente de quantas atividades nossos filhos podem participar antes de ficarmos loucos? As igrejas não ajudam a melhorar a situação, preenchendo calendários com atividades, estudos bíblicos escolas dominicais, grupinhos e reuniões de culto. Entre ligas esportivas, atividades escolares sempre abundantes e um pouquinho de dever de casa espremido entre as frestas, as famílias com filhos sentem-se cada vez mais pressionadas — em especial, mães ou pais solo que enfrentam uma carga de trabalho que tem aumentado dramaticamente[12]. A situação não é muito melhor para os que não têm filhos. Acabaram-se os dias em que se trabalhava quarenta horas por semana. O expediente de adultos empregados em tempo integral é, em média, de quarenta e sete horas por semana, com quase quatro em cada dez trabalhadores registrando mais de cinquenta horas semanais[13].

---

12 THOMSON, DEREK, The Myths That Americans Are Busier Than Ever, *Atlantic*, 21 maio, 2014. Disponível em: <www.theatlantic.com/business/archive/2014/05/the-myth-that-americans-are-busier-than-ever/371350>. Acesso em: 16 nov. 2021.
13 ISIDORE, CHRIS; LUHBY, TAMI, Turns Out Americans Work Really Hard… but Some Want to Work Harder, *CNN Money*, 9 jul. 2015. Disponível em:

A solução para a nossa cultura é *equilíbrio*. Do mesmo modo que Herodes procurava equilibrar as exigências de Roma e de seus súditos judeus, nós buscamos um equilíbrio saudável entre trabalho e vida. Como equilibramos família e amigos? Como equilibramos a fé e o restante de nossa vida? Sentimos que somos malabaristas, lançando bola após bola para o ar, nos esforçando desesperadamente para mantê-las todas em movimento. Não é surpresa que em nossa cultura cada vez mais pós-cristã a frequência à igreja é uma das primeiras bolas que muitos decidem largar[14].

Pensar desse jeito demonstra que modificamos comunalmente a vida para a qual Deus nos convida. Reduzimos o poder ressuscitador do Espírito Santo a um objeto, um componente. Nossa religião fica na estante ao lado de fins de semana no lago, atividades das crianças e tudo o mais que compete pelo nosso tempo. Não admira que esta religião superficial privatizada nada tenha a dizer para mães desoladas no mundo inteiro. Não admira que nossas reuniões de culto entediantes e sem vida quase sempre percam para a vida que está à espera em todos os outros lugares.

Reduzir Deus a um bem de consumo é idolatria. O equilíbrio não é a resposta à idolatria. Uma vez que tentamos comparar Deus com qualquer coisa, reduzimos o Criador do universo a um objeto. Quando nos preocupamos em manter todo mundo feliz e em equilíbrio, os mais vulneráveis escorregam pelas beiradas. Quando estamos concentrados em tudo, fazemos vista grossa para as coisas menos importantes. O equilíbrio não é a resposta.

<http://money.cnn.com/2015/07/09/news/economy/americans-work-bush>. Acesso em: 16 nov. 2021.

14 Outrora, frequência "regular" significava semanalmente; hoje, porém, é quase sempre duas vezes por mês, quando muito. Além disso, na geração anterior, inúmeros devotos regulares frequentavam três vezes por semana: no domingo de manhã, no domingo à noite e em algum tipo de reunião no meio da semana. Atualmente, diversos frequentadores "regulares" só participam da reunião para o culto de fim de semana principal.

Entre Roma e um lugar difícil | 113

Felizmente, Jesus não nos oferece equilíbrio. Pelo contrário, ele nos fornece um jeito inteiramente novo de levar a vida. Em João 12, Jesus reflete em sua morte com um paradoxo: "Quem ama sua vida a perderá; quem, neste mundo, odeia sua vida a guardará para a vida eterna" (Jo 12,25).

Ao traduzir dois termos gregos diferentes como "vida", o sentido deles torna as palavras de Jesus mais confusas. As duas primeiras referências a vida são o vocábulo grego *psyche*, que não raro é traduzido como "ego" — do qual obtemos *psicologia*. O último termo, a "vida eterna", é *zoe*. Pense em psique como tudo que constitui nossa vida: nossa identidade, nossos objetivos, nossas ambições, nossos conflitos e fracassos e sucessos, nossas posses, nossas famílias etc. Pense em zoe como a essência da vida, o estado de estar *vivo*.

Com demasiada frequência, tratamos a religião como psique. Deus é mais uma coisa entre um punhado de outras que temos de misturar e organizar para nos compreender. No entanto, ele é o próprio fundamento de nossa existência. É o criador e o sustento, a fonte de zoe. Quando reduzimos zoe a psique, ficamos sem objetivo, sem ninguém e nada para organizar nosso caminho, desprovidos de um meio para o nosso mundo fazer sentido.

O escritor e pastor Shane Hipps nos pede para imaginar zoe como um, e todas as coisas que constituem nossa psique como zeros:

> O valor do zero e do um é determinado inteiramente por sua sequência. Se pomos um zero na frente do um, isso não muda o valor do um. Se pomos três zeros antes do um, isso não muda o valor do um. Podemos pôr um milhão de zeros na frente do um e isso não muda o valor do um. O valor do um continuará sendo um. Da mesma maneira, o valor do zero permanecerá zero em todos esses casos. Entretanto, se colocarmos o um na frente do zero, de repente temos dez; se acrescentarmos três zeros depois do um teremos mil. Desde que o um seja colocado

primeiro, todo zero acrescentado aumentará o valor do um e do zero. Obtendo a sequência certa, o valor de ambos se transforma de maneira convincente[15].

As coisas que constituem nossa vida não são inúteis. Deus se importa muito com nossos trabalhos, nossas famílias, nossos sonhos, nossas mágoas e tudo o mais que constitui nossa psique. No entanto, não são essas coisas que dão sentido a nossa vida. O um — zoe —, Deus, é o fundamento de nossa vida. Quando tentamos pôr alguma outra coisa no lugar de Deus como a origem e a fonte de nossa vida, desvalorizamos tudo.

Nossa psique não é nosso zoe. O material de nossa vida não é a vida propriamente dita. Esquecer-se disso — colocar qualquer coisa no lugar de Deus — é idolatria, o que Deus assegura que leva à morte. Quando deixamos Deus organizar nossa vida, não podemos deixar de notar os mais vulneráveis. Nós os notamos porque eles importam para quem está organizando nossa vida.

Foi-se, meu bem, foi-se (para o México)

Quando eu era pastor de jovens adultos, conheci Jenn Holden. Ela e a amiga Sarah eram estudantes universitárias que frequentavam o Bridge Café quando eu trabalhava lá. As duas viraram figuras constantes do café e passamos muitas noites em longas conversas a respeito da vida, da fé e do mundo.

Em uma dessas conversas, conversamos sobre *Gone Baby Gone*, pelo qual Jenn e Sarah mostraram interesse. Sempre empolgado para apresentar as pessoas à mídia que amo, organizei um grupo e no fim de semana nos reunimos em uma pequena turma para assistir ao filme. No fim da sessão, os soluços de Jenn encheram a sala. Ela estava arrasada e saiu depressa para ficar a sós com seus pensamentos.

---

15 Hipps, Shane, *Selling Water by the River. A Book About the Life Jesus Promised and the Religion That Gets in the Way*, New York, Jericho Books, 2012, 159.

Alguns dias depois, sentamo-nos para discutir sua reação ao filme. Apaixonada e detalhadamente, Jenn me explicou seu amor por crianças que sofreram abuso, sua raiva de pais e sistemas que não as protegem e de seu sentimento de impotência em face de males tão terríveis.

Escutei por um longo tempo e então a desafiei a considerar que sua paixão poderia, de fato, ser um sinal do chamado divino em sua vida. Nos três anos seguintes, Jenn continuou a desenvolver sua fé e educação. Quando se formou, assumiu um estágio em Monterrey, México, com Back2Back Ministries, organização que apoia orfanatos e trabalha para proporcionar oportunidades educacionais a órfãos quando crescem e saem do sistema. Ninguém se surpreendeu quando Jenn permaneceu em tempo integral depois do estágio, morando vários anos em Monterrey. Hoje, ela ainda trabalha para a Back2Back.

Jenn é exemplo do que acontece quando nosso zoe organiza nossa psique. É exemplo do que é ajudar os mais vulneráveis. Ao enfrentar dificuldades, ela decide estar presente. Não pode consertar os problemas de todos os órfãos do mundo — nenhum de nós pode —, mas ouviu a voz divina chamando-a para vir e *ser*. Para viver com as crianças cujas histórias de vida lhe partiam o coração. Para deixar o amor que brotava de seu desalento tornar-se fonte de água viva em um deserto seco, insensível.

A crise do cuidado dos órfãos em nosso mundo é um problema insuportável. Nenhum de nós consegue solucionar essa epidemia mundial. No entanto, como Jenn Holden em Monterrey, podemos estar presentes. Podemos nos recusar a ignorar os mais vulneráveis entre nós. A resposta é a presença constante, não o equilíbrio. Quer estejamos em uma cela, em uma cafeteria, quer torcendo nas linhas laterais de um jogo da Liga Menor, quer em um banco de igreja, Deus nos chama para notar os mais vulneráveis e estar presente para eles.

A história natalina poderia parecer diferente se Herodes tivesse confiado em Deus, e não em Roma? Nossas cenas da natividade poderiam incluir um velho rei grisalho ajoelhado ao lado dos magos?

Nos entalhes mais detalhados, talvez pudéssemos perceber-lhe a tensão no rosto — o medo de que o poder de Roma combatesse sua incipiente esperança no prometido Messias de Javé? Seu futuro é incerto, mas seu presente está decidido. Ele chega, em uma manjedoura, a uma pobre cidade atrasada para conhecer uma família de camponeses viajantes. Está cercado pelo fedor de animais e pastores, e encontra o próprio Deus do universo, que compreende toda a sua ansiedade e incerteza. Como essa cena da natividade teria sido bela!

O que Deus nos pede em situações impossíveis é a presença constante. Quando nele encontramos a vida, quando pomos a fonte de zoe em primeiro lugar e permitimos que Deus organize nossa psique, o Pai nos transforma em fontes de vida. Em um mundo de escolhas difíceis, Deus não exige que tenhamos todas as respostas certas. Melhor dizendo, seguimos o exemplo de Jesus, forçando o caminho no meio da confusão e esperando Deus. Olhamos para nosso próximo com amor, alegria e paz. Confiamos no Espírito para nos dar paciência, bondade e generosidade. Praticamos a fidelidade, a delicadeza, o autocontrole. A vida divina flui através de nós para o mundo que nos rodeia. Agir de outra maneira nos põe do lado errado da história natalina.

9
HERODÍADES

Até que o dia oportuno chegou, quando Herodes, por ocasião do seu aniversário de nascimento, deu um banquete aos grandes de sua corte, aos tribunos e aos nobres da Galileia. A filha de Herodíades compareceu e dançou, agradando a Herodes e aos convidados. O rei disse, então, à moça: "Pede-me, e eu te darei o que quiseres". E jurou-lhe mais de uma vez: "Seja o que for aquilo que me pedires eu te darei, até mesmo a metade do meu reino!". Ela saiu e perguntou à mãe: "Que devo pedir?". A resposta foi: "A cabeça de João Batista". Voltando depressa para junto do rei, ela apresentou seu pedido: "Quero que me dês, agora mesmo, num prato, a cabeça de João Batista!".

(Mc 6,21-25)

Herodíades desceu as úmidas escadas, tomando cuidado para não tocar nas paredes. À fraca luz da tocha, correu os olhos pelos degraus, atenta a pedras soltas nas quais poderia torcer o tornozelo. Caminhava devagar para assegurar que o escravo que a seguia também enxergasse. Ele poderia derrubar a comida.

Quando chegou à masmorra, viu o profeta, seu vulto encurvado encostado na parede do fundo. O vulto se mexeu ao som dos passos que se aproximavam. A chama da tocha dançou no fundo negro de seus olhos enquanto ele tentava descobrir a identidade da visitante.

Herodíades prendeu a tocha a um candeeiro na parede dos fundos e se acomodou no banco tosco fora da cela. O escravo ficou em pé atrás dela, segurando um prato de ouro lavrado coberto com uma tampa arredondada feita do mesmo material.

Herodíades viu o profeta apertar os olhos enquanto se acostumava com a luz. Alguma coisa causou um tremor neles — não reconhecimento, embora sem dúvida percebesse quem ela era. Quantas mulheres tinham acesso à prisão? Talvez fosse desprezo. Ou indignação. Não importa. Ela sorriu friamente para o prisioneiro e disse:

— Achei que estava na hora de nos conhecermos, João, filho de Zacarias, chamado Batista. Sou Herodíades, tua rainha.

O Batista olhou-a longamente:

— Perdoai-me, Alteza.

A voz áspera soou abafada pela ironia:

— Sou inexperiente nos modos da nobreza. Não sabia que a mulher de um príncipe ainda é chamada rainha.

O sorriso forçado de Herodíades não desapareceu.

— Dizem que és destemido, Batista. Alegra-me ver que fazes jus a tua fama. É, de fato, meu casamento que vim discutir contigo hoje. Tenho toda a certeza de que entre nós dois podemos chegar a um entendimento que te fará voltar sem demora a afogar as pessoas no rio.

O Batista se mexeu:

— Viestes para vos arrepender, para preparar o caminho do Senhor? — Fingiu revistar a masmorra. — Estou com pouca água, mas, se Vossa Majestade pedir uma banheira, daremos um jeito.

Herodíades franziu a testa:

— E o que pensarão teus seguidores quando souberem que pediste para te banhares com uma rainha?

O profeta gaguejou, procurando uma resposta, mas Herodíades riu melodicamente.

— João, ninguém te quer nesta cela. Fica mal para Antipas prender um profeta do Senhor. É quase tão ruim quanto esse profeta caminhar por sua terra anunciando a quem quiser escutar que o casamento dele é uma abominação.

Ela tirou uma chave das dobras da capa e seu tom endureceu:

— Podes sair daqui agora mesmo. Simplesmente, dá-me tua palavra de que ninguém, — nem eu nem Antipas, nem nenhum de teus acólitos, — nem mesmo as ervas daninhas daquele deserto que tu chamas de lar, — vai ouvir de teus lábios outra palavra a respeito de nosso casamento.

O profeta não mudou sua posição desleixada contra a parede, mas sua voz foi forte e clara:

— O dia do Senhor está perto, Alteza — transformou o título dela em um gracejo. — Sua ira cairá sobre todos os que são infiéis, até mesmo seu povo escolhido. Agora é a hora de vos arrependerdes.

Herodíades revirou os olhos.

— Sim, sim, Batista. Estás ansioso para voltar aos preparativos do caminho do Senhor. Então, temos um trato?

Os olhos do Batista acenderam-se com zelo fanático. Ele continuou, como se ela não tivesse falado:

— Mas como as pessoas podem se arrepender quando seus pastores persistem no pecado? Quando um homem rouba a mulher do irmão, isso é uma abominação, quer ele seja homem comum, quer seja rei, quer seja tetrarca — atirou o nome em Herodíades como uma adaga.

Herodíades suspirou:

— Eu desconfiava que te mostrarias relutante para ver a razão. A conciliação é sempre difícil para gente da tua laia. Mas não sou injusta. Acredito que algum tempo como nosso hóspede te ajudará a ver que não precisamos ser inimigos.

Herodíades estalou os dedos e o escravo colocou o prato fora das grades da cela e retirou-se para reaver a tocha. Ela, então, levantou-se.

— Cumprimentos do cozinheiro pessoal de Antipas. Possivelmente mais gostoso que tua comida usual — com essas palavras, virou-se e saiu da masmorra, deixando o Batista na escuridão.

Sozinha, Herodíades desceu as úmidas escadas mais depressa. Colocou a tocha de volta no candeeiro e, mais uma vez, sentou-se no banco tosco. Observou a travessa de comida ainda coberta e franziu a testa:

— A comida não estava do teu gosto?

O Batista se movera na direção dela, mas agora se encostou de novo na parede. Sustentou-lhe o olhar, mas não disse nada. Herodíades suspirou ao dizer:

— Eu tinha esperança de que te abrisses um pouco. Vou dar um jeito de conseguir alguma coisa que aproves. Afinal de contas, és um profeta do Senhor. Assim, vamos conversar, eu e tu. Vamos chegar a um acordo com o qual ambos possamos viver.

João lançou-lhe um olhar fulminante:

— Não vamos conversar. Estais desacompanhada. Nem sequer usas um véu. Sou um homem de Deus.

Uma risada inesperada escapou dos lábios de Herodíades ao indagar:

— Receias que eu te tente, Batista? — Passou as mãos sugestivamente pelo corpo e riu de novo. — Quem sabe eu te roubarei de Deus da mesma maneira que roubei Antipas de sua esposa nabateia? — Ela cuspiu no chão. — Não sou nenhuma puta. Será bom te lembrares disso quando fores libertado.

O Batista ficou em silêncio. Era apenas a luz da tocha ou a esperança tremeluziu-lhe no olhar?

— Não fui completamente sincera antes, Batista — seu tom soou cálido com laivos de vulnerabilidade. — Não estou aqui por mim mesma. Estou aqui por minha filha, Salomé — Desviou o olhar por um momento e seus olhos brilharam quando o encarou de novo. — Não tens filhos, tens? Não há tempo para casar enquanto brincas de amante do Senhor — o tom de desagrado tirou a graça da pilhéria. — Talvez não entendas, mas se não confias em mim, então confia em Salomão. Não foi ele quem disse: "Os filhos são o legado do Senhor, o fruto do ventre, uma recompensa?". Salomé é meu legado. minha recompensa do Senhor. Farei qualquer coisa para lhe dar felicidade e paz.

O peito de Herodíades encheu-se de orgulho:
— Minha filha é linda, mais linda até do que eu era. E herdou do pai a falta de malícia. Tentei transmitir-lhe ao menos um pouquinho de astúcia, mas Salomé simplesmente não tem cabeça para política. Se seu pai fosse alguém digno de nota, isso não teria importância. Mas ele é um príncipe esquecido de uma terra pequena que só tem importância por estar entre dois impérios. Mesmo com a influência de Augusto, o melhor que ela pode esperar é ser dada ao pau-mandado de algum rei dependente.
— Quero mais que isso para minha filha. Ao menos ela permaneceria entre seu povo. Mas sua única esperança eram Antipas, que já estava casado, e Filipe. E nenhum ganharia nada se casando com a filha de Herodes II, o filho esquecido de Herodes Magno.

O vulto escuro do profeta não se moveu.
— Sabes o que é ser herodiano, Batista? Ser um peão empurrado para lá e para cá conforme os caprichos de um avô que te adorava, ao mesmo tempo que executava teu pai? Ser declarada princesa de Israel só para perder o título?

Herodíades quase se entristeceu ao pensar no antigo marido:
— Não conheceste Herodes II, Batista, mas gostarias dele. Ele é sério e simples. Sem dúvida, se tivesse sido nomeado tetrarca da Galileia, ou mesmo rei dos judeus como outrora lhe prometeram, ele já te teria nomeado sumo profeta da corte real.

Lembrando-se de coisas distantes, os olhos de Herodíades de repente voltaram a se concentrar em João:
— Sua bondade é a ruína de sua filha. Ele não sabia como arranjar um casamento conveniente para Salomé. Mas eu sei. Não vou ver minha filha empurrada para lá e para cá conforme os caprichos de reis estrangeiros. Ela se sairá melhor que eu. Antipas vai assegurar que ela se case com Filipe. Ela viverá entre o próprio povo.

O Batista ficou em silêncio, embora seus olhos nunca deixassem os de Herodíades. Ela procurou um sinal de compaixão nos olhos dele, mas só encontrou justa condenação. Assim, mudou de tática:
— Dá-me tua palavra de que não mencionarás mais nosso casamento e Antipas e eu receberemos teu batismo.

O rosto de João mostrou que ele estava chocado quando se endireitou:

— O quê?

— Quando deres tua palavra, eu te soltarei. Antipas e eu te acompanharemos ao Jordão. Nós nos submeteremos a teu batismo de arrependimento. E voltarás a teu ministério, o país todo sabendo que Antipas te escuta. Talvez Filipe até siga o exemplo. Ganhas uma nação que volta para Deus e minha filha se casa com Filipe.

Seguiu-se longo silêncio e finalmente João falou:

— O caminho do tolo é certo a seus olhos, enquanto o sapiente ouve os conselhos.

Herodíades deu uma risadinha e disse com descrença:

— Citas Salomão para me passar um sermão sobre casamento? Quem é o tolo aqui, Batista? — disse em tom firme. — Terei teu silêncio. Casar-me com Antipas já foi bastante difícil sem que tivesses dito a ninguém que escutaste que incorríamos na ira do Senhor. Tentei tudo para fazê-lo calar tua boca. Implorando. Ameaçando. Pedindo delicadamente. Finalmente envergonhar funcionou. "És o governante da Galileia. O filho de Herodes Magno. Este verme não pode falar assim de ti!" Mesmo então, ele não quis matar-te. Só prender-te, jogar-te aqui.

Herodíades soltou outra risada:

— Ah, se ele soubesse como tens medo de mulheres! Para silenciar-te, bastaria termos te convidado para jantar.

O Batista resmungou:

— Não tenho medo de vós. Tenho medo do Senhor Deus.

Herodíades revirou os olhos:

— Se o Senhor está zangado porque esta mãe procura fazer o melhor para sua filha, que ele mesmo venha me dizer. Pelo menos ele não tem medo de falar com mulheres. Ele não falou com Débora, com Ana?

Dizendo isso, ela foi embora, deixando o profeta na escuridão e no silêncio.

Herodíades desceu as escadas, à frente de dois homens cobertos de poeira da estrada. Quando chegaram ao andar da masmorra, ela gritou:

— Batista, teus discípulos voltaram — disse, e notou que um escravo removera a travessa de comida.

João ficou em pé e se encostou às grades da cela. Herodíades colocou a tocha no candeeiro novamente, mas desta vez afastou-se e deixou os discípulos aproximarem-se do mestre. Eles lhe ofereceram água de um odre que tinham trazido e um pouco de pão e mel, os quais comeu sofregamente. Enquanto se alimentava, os dois discípulos se mexiam nervosamente.

Assim que terminou sua escassa refeição, o Batista perguntou:

— O que Jesus disse?

Um dos homens falou:

— Perguntamos como ordenaste: "És tu aquele que há de vir ou devemos esperar por outro?". — Fez uma pausa, engoliu em seco.

— Sim, sim. O que ele disse?

— "Ide relatar a João o que vedes e ouvis: cegos recobram a vista e coxos andam; leprosos são curados e surdos ouvem; mortos ressuscitam e a Boa-Nova é anunciada aos pobres".

Herodíades reconheceu as palavras de Isaías.

João encolheu-se como se tivesse sido golpeado. Obviamente, ele também as reconheceu:

— O que mais? O que mais ele disse?

Os homens se entreolharam de novo:

— "E feliz, feliz aquele que não perder a fé por causa de mim!". Isso foi tudo, mestre. Sinto muito.

Herodíades ficou olhando enquanto os homens rezavam juntos. Depois de algum tempo, os discípulos fizeram menção de sair. Voltaram-se para ela, obviamente inseguros de como proceder.

— Podeis sair — disse ela. — Conheceis o caminho.

Os homens voltaram-se para João, que já se deixara cair no chão. Ele fez sinal para que partissem:

— Deixai-nos.

Assim, dispensados, os homens saíram depressa, lançando olhares furtivos para a rainha e o profeta.

Depois que eles se foram, Herodíades voltou a sentar-se. Os olhos do Batista não se cruzaram com os seus e ela percebeu que ele chorava baixinho.

— Jesus — começou ela. — Mandaste notícias para Jesus de Nazaré. Teu primo. Os olhos úmidos do Batista observaram os dela, e ele notou surpresa e medo neles.

Ela continuou:

— Achaste que eu não descobriria a ligação? Eu te disse, profeta, Antipas está obcecado por ti. — Um sorriso bondoso franziu-lhe o canto da boca. — Uma mulher fútil teria ciúmes. — Sabias que ele se encontrou uma vez com teu pai? Foi pouco depois que nasceste. Antipas era o príncipe herdeiro e os magos de Pártia tinham declarado a intenção de descobrir o Messias recém-nascido. Tenho certeza de que conheces a história, como vovô mandou matar os meninos de Belém.

O Batista voltou-se para ela. Ele não conhecia essa história.

— Antipas se lembra de teu pai porque ele tinha absoluta certeza de que os magos entenderam corretamente. Ele se vangloriou para todo o conselho, dizendo que tinhas nascido como arauto do Messias.

À menção do orgulho paterno, uma lágrima caiu do olho do Batista e correu-lhe pela face.

— Vovô não se importava muito com Messias, profetas e mágicos. Mas Antipas sempre foi mais piedoso. Quando começaste a pregar no deserto, conforme conquistavas seguidores, ele não demorou muito para tirar conclusões. João, filho de Zacarias. João, preparando o caminho do Senhor, oferecendo um batismo de arrependimento. Quantos de vós poderia haver? E se Antipas conseguiu descobrir quem era teu pai, não achas que foi muito mais fácil determinar que tu e esse Jesus de Nazaré são primos?

Herodíades sorriu.

— És mesmo o primo do ungido de Deus, João? Fica sabendo que o sangue do ungido de Deus corre em *minhas* veias. Nem todas as mulheres de Herodes eram asmoneias, mas minha avó era. Sou descendente de Judas Macabeu, o mesmíssimo homem que Deus ungiu para expulsar os pagãos que profanaram seu templo sagrado.

— É esta nossa sina: sermos aparentados com a grandeza, mas nós mesmos não sermos grandes? Somos fantoches que o Todo-Poderoso usa para glorificar os que ele ama verdadeiramente?

O Batista olhou-a com ar ameaçador e proferiu:

— Não zombeis do ungido de Deus.

— Não é de Jesus que zombo, Batista — Herodíades esforçou-se para evitar o desprezo na voz. — És parente do Messias, mas tu mesmo não és ungido, és? Não, é claro que não és. Como Antipas, vens do lado errado da família. Todos conhecem tua fala. Aquele que vem *depois* de ti é o ungido de Deus. Não és digno de... como dizias? Carregar-lhe as sandálias?

Herodíades respirou profundamente, depois continuou:

— Como sois diferentes. Tu comes insetos, vestes saco, brincas de Elias no deserto. Mas teu primo viaja pelo país, banqueteando-se e pregando. Ouvi dizer que o chamam de amigo dos pecadores. Como isso deve irritar tuas justificadas sensibilidades. É verdade que ele anda com mulheres, que ele as ensina? Se fosse ele que estivesse nesta cela em vez de ti, falaria de bom grado comigo?

O Batista não se conteve:

— Meu primo mantém seus planos em segredo.

Herodíades viu que descobrira uma mágoa. Pressionou com cuidado:

— Se teu primo é verdadeiramente o Messias prometido, por que não vem em teu auxílio? Foi isso que lhe pediste, não foi?

O Batista olhou para o chão da cela. Herodíades continuou:

— "O Espírito do Senhor está sobre mim; porque ele me consagrou com o óleo para levar a Boa-Nova aos pobres" — Sorriu quando os olhos de João reencontraram os dela. — É claro que conheço Isaías. Não julgues que porque não compartilho de teu fanatismo não sei nada, filho de Zacarias. Também sei como é o restante da proclamação. "Enviou-me para proclamar aos prisioneiros a libertação".

Na voz de Herodíades já não havia nenhum sinal de risada quando ela prosseguiu:

— Ouvi dizer que a língua de Jesus era tão afiada quanto a tua, mas isto é cruel. Teu primo anuncia aos quatro ventos a missão de Isaías como sua, lendo essa profecia em todo povoado da zona rural. Então, por que ele não te liberta? Por que te responder com as palavras de Isaías, mas omitir essa promessa? E depois insistir para que não percas a fé. Jesus pode bem ter dito para apodreceres na prisão. Por quê? Também deixou claro que não tem muito amor por Antipas. Então, por que te abandonar aqui?

Um novo apreço pela inteligência dela brilhou nos olhos de João, mas a dor o ofuscou, notada por Herodíades.

— Nunca pensei que pudesse apiedar-me de ti, Batista, mas devo dizer que estás em uma situação grave. Foste abandonado até por aquele para quem preparaste o caminho, alguém que é teu parente.

— Eu não tinha pensado em renovar essa oferta. Mas teu senhor e teu Messias te abandonou. Assim, vais te manter calado sobre minha união com Antipas? Teu primo não sente necessidade de mencionar nosso casamento em sua pregação. Por que você deveria? Se ele não vai te salvar, ao menos segue seu exemplo e salva-te a ti mesmo. Dá tua palavra e sairás livre agora mesmo. Mandarei homens atrás de teus discípulos.

João desviou o olhar e Herodíades viu a tensão em seus ombros. Ela conhecia a fisionomia de um homem sem esperança. Será que pressionara demais? Minutos se escoaram. Finalmente Herodíades levantou-se:

— E então, Batista? Vais te manter calado por minha família, já que a tua não falará por ti?

O profeta voltou-se de novo para ela, com os olhos chamejantes mais uma vez, e começou a citar Jó:

— "Mate-me se quiser: outra esperança não tenho que a de defender minha conduta em tua presença. Isto já me é um sinal de salvação, pois o *ímpio*" — proferiu a palavra com violência — "não ousa chegar diante dele".

Herodíades deu um grande suspiro e se levantou para recuperar a tocha, dizendo:

— Para o teu próprio bem, Batista, espero que realmente sejas tão justo quanto Jó.

E ela foi embora, deixando o profeta na escuridão e no silêncio.

~

Herodíades desceu as escadas com o andar seguro, mas lento. De novo um escravo a seguia, levando uma travessa de comida. De dentro do prato vinha um constante e débil zumbido, acentuado por pancadas ocasionais de alguma coisa batendo no lado interno da tampa. Mais uma vez, a rainha pôs a tocha na parede; mais uma vez, sentou-se em seu banco. Ela franziu a testa e se perguntou quando foi que começou a pensar que aquele banco era seu. O Batista olhou fixamente para ela, a boca sempre severa, os olhos curiosos e desafiadores.

— Acho que finalmente entendo por que tens um interesse tão especial no meu casamento, profeta. O povo pensa que és Elias, o grande profeta de Israel que voltou para anunciar o futuro julgamento divino. Nenhum mistério, quer concordes quer não. Foste tu ou foi teu pai quem escolheu o traje e o apego à dieta? Tudo muito impressionante!

Como se para enfatizar sua observação, alguma coisa bateu ruidosamente contra a tampa do prato atrás dela.

— Naturalmente, se és Elias, sabemos quem eu sou. O que seria do herói de Israel sem sua Jezebel? Que sorte a tua que seduzi Antipas e o tirei da esposa! Que sorte a tua que minha devassidão seja tão objetiva!

O Batista olhou-a com ar ameaçador, dizendo:

— O pecado nunca traz sorte para o povo de Deus.

Herodíades proferiu com violência:

— O pecado, dizes. Não construí templos a Baal! Não estabeleci mastros sagrados para Astarte! Adoro o Deus de meus pais e dos teus. Se sou culpada de alguma coisa, é de me recusar a destinar minha filha a uma vida decidida pelos caprichos de outra pessoa.

Embora ele estivesse exausto, a voz de João soou cheia de indignação:

— Nenhum homem que se submete à vontade de Deus está perdido.

— Nenhum homem? — Herodíades inclinou-se. — Tua sorte, Batista, é ter nascido homem. Achas que as multidões teriam vindo de Jerusalém para se banhar no teu rio se fosses Míriam ou Jael? Quando me chamas de prostituta, quando deprecias meu casamento como afronta ao Senhor, tens certeza de que te escutam porque és justo, e não porque sou mulher?

O Batista ficou em silêncio. Herodíades deixou a pergunta permanecer não respondida no ar, o contínuo zumbido vindo da travessa acompanhando suas palavras.

Finalmente, ela prosseguiu:

— Sabes que fui criada em Roma, na casa de Augusto. Cresci sob os olhos vigilantes de Lívia Drusila, esposa do imperador de Roma. Como descrevê-la a ti, Batista? Agora que ela morreu, com certeza será elevada à divindade e justificadamente. Ela era como uma das grandes estátuas de Roma. Bela do jeito como são belas as romanas. Totalmente tranquila e controlada. Era a esposa ideal para o imperador. Casta, fiel, forte.

Um som zombeteiro gutural escapou da boca do Batista:

— Pelo jeito, ela foi uma professora de quinta categoria.

Herodíades deu um leve sorriso.

— Achas que, por eu ter me divorciado de Herodes II, não sou nada parecida com a Lívia Drusila corajosa, fiel? Como você é provinciano, Batista. Depois que Augusto subiu ao trono de Roma, Lívia conspirou com ele para tomá-la como esposa. Ela divorciou-se do marido e casou-se com Augusto. Há quem insista que Lívia não era mais que uma vítima das manobras de Augusto para controlar Roma. Mas os que afirmam tais coisas nunca estiveram na presença de Lívia Drusila. Ela sempre esteve à altura de Augusto. Eram duas vozes que cantavam em perfeita harmonia. Augusto a amava, babava por ela. Deu-lhe terras; ela dirigia o próprio negócio e conduzia as negociações.

Uma romana *decente* não deveria fazer nada disso. Mas ela era Lívia Drusila, esposa do Cidadão Número Um. E fazia o que queria.

O Batista resmungou:

— O orgulho vem antes da destruição e um espírito arrogante antes de uma queda. É...

— Poupa tua condenação, Batista. Denuncias como orgulho o que deverias reconhecer como amor. Eu já não te disse que não ajo por mim, mas por Salomé? Minha filha é tudo para mim. Lívia sabia o que esperava Salomé se não saíssemos de Roma. Foi ela quem encontrou a solução. Ela conheceu Antipas na vinda dele a Roma depois da morte de vovô, quando foi nomeado tetrarca. Ficou impressionada com seu porte, sua audácia, sua força de vontade. E percebeu, pelo jeito com que ele me olhava, que seu defeito são suas paixões. — Não foi difícil seduzir Antipas e afastá-lo da esposa nabateia. Ela é uma grandalhona estúpida. Não tenho dúvidas de que a conversa com ela é quase tão estimulante quanto dialogar contigo. As paixões masculinas inflamam-se facilmente; Antipas ficou cativado. Na manhã seguinte não tive trabalho para convencê-lo de que a união comigo contribuiria para uma nação mais forte... e uma vida mais prazerosa. — Este mês haverá uma festa em homenagem ao aniversário de Antipas. No fim da celebração, anunciaremos que Salomé ficou noiva de Filipe. Minha filha será tão rainha quanto eu. Ficará entre seu povo. Filipe é um bom homem... um pouquinho orgulhoso demais, porém isso não vai incomodar Salomé.

— Ouve-me, Batista. Verei minha filha casada com Filipe.

João deu de ombros:

— Não me importa com quem vossa filha se case, desde que ela permaneça justa.

Herodíades levantou-se.

— Descobriste os limites de minha misericórdia. Não estou interessada em teu julgamento de minha união com Antipas. Não estou interessada em teu batismo nem no Messias que te abandonou. Só estou interessada em tua aceitação. Antipas está convencido de que tua persistente desaprovação de nosso casamento vai afugentar Filipe. Antipas sempre se preocupou demais com o que as pessoas comuns pensam... A esse respeito ele é como o pai. Mas eu não compartilho de sua preocupação. — Podemos matar-te e serás um mártir... ou serias, se teu primo não estivesse pregando tua mensagem. Alguns de teus discípulos perderão a fé, mas muitos simplesmente se juntarão à causa dele. Meu marido está errado. Já não és relevante, Batista. O caminho foi preparado. Deus cortou relações contigo e nenhum carro vem para levar-te ao céu. — Assim, dou-te uma última chance. Tua palavra te põe em liberdade. Mas, se me recusas esta noite, fiques certo de que não viverás até o fim do mês. Assim faça o Senhor comigo e também mais se eu não cumprir minha palavra. Gostei de nossas conversas, porém minha afeição por teus resmungos perde toda importância em comparação com meu amor por minha filha. Poupa teus sermões. Poupa tua condenação. Poupa teu zelo e julgamento para alguém que queira escutar. Eu não quero. Só quero ouvir de ti que concordas, se não por ti, então por minha filha.

Em resposta, o profeta acabou de citar seu provérbio:

— "Melhor ser humilde com os pobres que partilhar o saque com os ricos".

— Como quiseres.

Herodíades levantou-se. A festa de Herodes estava próxima de ser realizada e ela tinha muito que preparar. Enquanto retirava a tocha do candeeiro, ouviu-se outra batida vinda da travessa de comida. A luz da tocha cintilou na tampa.

Herodíades lançou um último olhar a João, que se encostara na parede da masmorra:

— Com certeza acharás esta receita mais do teu gosto. Nosso cozinheiro enfrentou dificuldades com os ingredientes; é sabido que é difícil juntar gafanhotos. Considera esta tua última refeição.

Herodíades saiu da masmorra deixando o profeta na escuridão e no silêncio.

10

O GATO ESTÁ NO BERÇO¹

*As impressões digitais que
nossas famílias deixam em nós*

Não sou o único que tem lembranças constrangedoras das celebrações de Ação de Graças, certo? Quando eu era criança, Ação de Graças significava uma reunião em família ao lado de meu pai. Meu avô, seus irmãos e irmãs, e todos os seus descendentes, reuniam-se uma vez por ano na igreja metodista onde meu pai cresceu e na qual seu avô foi pastor durante vários anos. Pelo menos três daquelas longas mesas de madeira que ocupam os armários de todas as igrejas nos Estados Unidos eram arrumadas no salão de confraternização (onde mais?), as quais ficavam repletas de travessas com peru fatiado e panelas de batata-doce trazidas da cozinha ao lado. Era nossa chance anual de encontrar primos, tios-avós e tias que se dispersavam pelo país o resto do ano.

O ponto alto do dia era sempre a partida de futebol americano entre o almoço e o jantar. Ninguém sabe quem começou essa tradição nem por que essa pessoa achava que a melhor hora para homens-feitos baterem uns nos outros e se agarrarem era entre grandes ban-

---

1 Tradução literal do título da música "The cat's in the cradle". A expressão indica o sentimento que os pais têm de não ter acompanhado suficientemente a fase da infância dos filhos — por estarem ocupados com os afazeres do dia a dia — e de terem-na perdido. (N. do E.)

quetes. Contudo, por volta das duas da tarde, todos com idade suficiente para jogar e jovens demais para não cair nessa roubada reuniam-se no campo atrás da igreja a fim de dar início à partida.

Quando eu estava na faculdade, a reunião já contava com bem menos gente, como costuma acontecer com reencontros. Os jogos de futebol também ficaram muito menores.

Nesta lembrança de Ação de Graças particularmente constrangedora, oito de nós entramos em campo. Juntei-me a meu tio Craig e dois primos contra meu pai, meu irmão mais novo e dois outros primos.

Na ocasião, meu irmão cursava o Ensino Médio e era a estrela do time de futebol da escola. Ele chegara ao ponto de me vencer em partidas de luta romana (no último ano do Ensino Médio, ficou em terceiro lugar no estado do Kansas) e correr bem mais depressa que eu. Assim, fiquei muito contente quando o interceptei em um avanço de bola. Talvez a minha alegria tenha sido *excessiva*. Bom, o nível de pavoneamento e exibição era o que muita gente consideraria exagero.

Meu pai decidiu me dar uma lição e empatou contra mim na jogada seguinte. Não sei se eu estava "inspirado" naquele dia ou se apenas tive sorte, o fato é que marquei um *touchdown*. E, por ser a personificação de um bom vencedor, dupliquei o pavoneamento e a exibição. Eu não estava mais jogando. Queria vencer, ser o melhor. Todos notaram quando transformei a disputa em uma coisa feia, que terminou logo depois disso, fazendo o jantar de Ação de Graças ser muito mais constrangedor que de costume — pelo menos para mim.

Nessa mesma fase da vida, comecei a perceber que os homens da minha família têm um problema: somos teimosos. Esse não é exatamente o segredo mais grotesco que alguém já descobriu e com certeza não inventamos a teimosia. No entanto, se um pecado que marca os homens da minha família é esse tipo especial de orgulho.

Quando eu era jovem, meu pai contou-me sobre os conflitos que ele e meu avô tiveram. E vejo em mim o mesmo sentimento teimoso de hipocrisia que observava neles. Meu irmão e eu sempre trocamos impressões sobre como esse orgulho afeta todas as áreas de nossa vida — nossas famílias, nosso trabalho, nossas amizades.

É inevitável que nossas famílias nos moldem. Talvez como eu, você seja filho de divórcio e tenha crescido em lares só com um dos pais, esquivando-se entre famílias mistas. Ou tenha perdido um dos pais. Talvez seja adotado ou tenha crescido em lares adotivos. Ou então crescido em uma família modelo, aquelas de comercial de margarina. Onde quer que tenhamos crescido, esses ambientes e essas famílias deixaram sua marca em nós. Se essas marcas são boas ou más, depende, já se vê, do ambiente específico, mas nenhuma família é perfeita (peço desculpas às marcas de margarina).

Herodíades foi moldada pela família que a criou e os herodianos não eram a família modelo.

Rainha perversa 2.0

Seria fácil culpar o avô, Herodes, o Grande pelos pecados de Herodíades. Se fosse viva hoje, Herodíades seria a estrela de um *reality show* e o YouTube seria inundado de vídeos nos quais ela se queixaria da infância terrível, do ex-marido perdedor e da vida difícil.

Pela Bíblia, conhecemos muito pouco Herodíades. Marcos nos conta que Herodes Antipas prendeu João Batista porque ele criticou abertamente a união de Antipas com Herodíades[2]. Antipas tinha sido casado com uma princesa do reino nabateu, o qual era dependente de Roma e que durante décadas deu trabalho aos herodianos. Aquele casamento representou uma paz tensa, que seu divórcio interrompeu[3].

---

2 Conforme Marcos 6,14-19. Observe que Marcos chamou Herodes II de "Filipe". Este não é o tetrarca Filipe (com quem Salomé se casou), o que tem levado os estudiosos a se perguntarem se o nome de Herodes II era, na realidade, Herodes Filipe. É igualmente possível que Marcos tivesse a mesma dificuldade que nós para pôr em ordem a árvore genealógica de Herodíades (com a diferença de que ele não podia se dar ao luxo de consultar a Wikipédia). Não culpe Marcos. Culpe Herodes.

3 Alguns anos depois da morte e ressurreição de Jesus, esse conflito com a Nabateia se espalhou em uma guerra total. Antipas foi deposto por Roma e exilado com Herodíades na Gália (a França dos dias de hoje).

Entretanto, João Batista não se preocupava com a política. Criticou o divórcio como imoral, uma afronta a Deus. A repetida e sincera crítica de João a Herodes Antipas por seu divórcio e novo casamento foi a razão de Antipas prender João.

Apesar da raiva que Antipas sentia de João, Marcos afirma que Antipas tinha medo de matar o profeta e nos dá a entender que Herodíades detestava tanto João que Antipas teve de protegê-lo dela. Além disso, ele nos conta que Herodíades conspirou contra Antipas para ver João morto[4].

Muitos judeus do tempo de Jesus previam a volta de Elias antes do Messias, e Marcos posicionou João como o Elias que voltou. Ele viria como precursor do fim. Tal qual da primeira vez, Elias conclamaria o povo de Deus ao arrependimento.

Não só Marcos apresentou João com uma profecia de Isaías, mas João também se vestia como Elias (uma roupa feita com pelos de camelo) e se alimentava de maneira semelhante (gafanhotos e mel). Elias passou muito tempo no outro lado do rio Jordão, a fronteira tradicional da terra prometida, e João chamava as pessoas até lá para serem batizadas. Simbolicamente, elas voltavam ao deserto, se arrependiam e entravam novamente na terra prometida como povo de Deus, purificadas e preparadas para acolher o Messias.

Convenientemente para a narrativa marcana, João veio com os próprios arqui-inimigos. Assim como Acab e Jezebel se opuseram a Elias, João enfrentou Antipas e Herodíades. Tal qual Elias condenou o casamento de Acab com Jezebel, João o fez com a união de Antipas e Herodíades. Herodíades, porém, era mais que apenas uma Jezebel requentada.

Como Herodíades está ausente do restante das Escrituras, precisamos contar com fontes não bíblicas para saber como ela era, as

---

[4] Mateus e Lucas, que utilizaram Marcos como fonte para seus evangelhos, diminuíram significativamente o papel de Herodíades na morte de João. Mateus atribuiu a raiva dela a Antipas, e ela apareceu na narrativa só depois da dança de Salomé. Lucas não a menciona de modo algum.

quais fazem com que seja difícil não sentir pena daquela mulher. Herodíades cresceu com uma mistura de privilégio e terror: vivia no centro do Império Romano, mas era estrangeira e não dispunha de poder; fazia parte da nobreza, porém seu avô era um rei subordinado. E era mulher. Muitos dos escravos da família de Augusto tinham mais influência que ela.

Herodíades cresceu longe da corte do avô, Herodes, mas, embora governasse a milhares de quilômetros da neta, ela forjou o curso de sua vida. Herodes e a segunda mulher, Mariana I, foram pais de Aristóbulo IV, que se casou com a prima, Berenice[5], união da qual nasceram três filhos e duas filhas, uma das quais era Herodíades. Por causa do estreito relacionamento de Herodes com Augusto, Aristóbulo e o irmão foram educados em Roma, na casa de Augusto, o que significa que Herodíades cresceu bem no centro do Império Romano, sob a orientação de Augusto e Lívia, sua mulher.

Herodíades foi também noiva criança, dada em casamento ao tio. Embora hoje, com razão, condenemos o casamento infantil e o incesto, ambos eram comuns no mundo antigo, principalmente entre famílias reais. O primeiro casamento de Herodíades — com o tio, Herodes II — não teria chocado ninguém. Nem mesmo João Batista condenou essa união.

O casamento incestuoso é só a ponta do *iceberg* para Herodíades. Eis alguns destaques da história familiar herodiana que se relacionam especialmente com ela. Imagine como as reuniões de família *deles* eram divertidas:

- A tia-avó de Herodíades, Salomé I, manipulou o avô, Herodes, para matar a avó de Herodíades, Mariana I, mais de uma década antes de Herodíades nascer.
- Essa tia-avó era também avó de Herodíades, pois a filha de Salomé I, Berenice, era mãe de Herodíades.

---

5   Mariana era a princesa asmoneia que Herodes desposou para garantir seu direito ao trono de Israel.

- O pai de Herodíades, Aristóbulo era, de acordo com a opinião geral, muito bonito e extremamente popular entre os judeus. Essa popularidade deixava seu pai, Herodes, muito nervoso. O filho mais velho de Herodes, Antípater II, usou esse ciúme para convencer Herodes de que seu lindo irmão mais novo estava conspirando contra eles dois, por isso Herodes matou o pai de Herodíades quando ela tinha apenas oito anos.

- Depois que o pai dela foi executado, Herodes decidiu que a neta, Herodíades, devia se casar com o tio, Herodes II, que era o segundo na linha de sucessão para o trono, depois de Antípater II (aquele que fez seu pai ser morto). Herodes fez Antípater II ficar noivo da irmã mais velha de Herodíades.

- Antípater II (o tio que fez o pai dela, Aristóbulo, ser executado ao convencer Herodes de que Aristóbulo queria matá-lo) realmente tentou matar Herodes alguns anos mais tarde. Herodes mandou executá-lo.

- O marido de Herodíades, Herodes II, devia ser o seguinte na linha de sucessão para o trono, mas, porque sua mãe (a terceira mulher de Herodes) sabia do complô de assassinato, Herodes tirou o marido de Herodíades, Herodes II, da linha de sucessão[6].

- Herodes nomeou Arquelau, filho mais velho de sua quarta esposa, seu novo herdeiro.

- Herodes II e Herodíades tiveram uma filha. Seu nome era ou Herodíades, como a mãe, ou Salomé, como a bisavó. Devido à propensão dos herodianos a se darem o nome de Herodes, não há meios de saber. Muitos estudiosos

---

6 Essa é, talvez, a sentença mais confusa da história humana. Por que todos eles têm de se chamar Herodes?

chamam a filha de Salomé para evitar confusão — pelo menos um pouco.
- Depois que o avô morreu, todos os tios de Herodíades viajaram a Roma para discutir com Augusto quem seria rei. Augusto dividiu o reino, dando metade para Arquelau, um quarto para Herodes Antipas e um quarto para Filipe[7].
- Herodes Arquelau mostrou-se pior que o pai. Foi deposto após uma década por ser muito mau e seu território foi convertido na província romana da Judeia, sendo governada por um romano[8].
- A certa altura depois de se tornar tetrarca da Galileia, Antipas divorciou-se da esposa nabateia para se casar com Herodíades.
- Depois que Antipas e Herodíades se casaram, a filha dela, Salomé, casou-se com seu tio/cunhado, o tetrarca Filipe.

Já está exausto? Acompanhar a árvore genealógica de Herodíades é mais desanimador que seguir as estirpes em *Game of Thrones* ou classificar as mulheres de Henrique VIII. O que sabemos de Herodíades chega até nós porque sua história se entrelaça às narrativas dos reis e tetrarcas herodianos. Ela nasceu, ficou noiva, casou-se e divorciou-se. É mencionada na Bíblia só por causa de seu divórcio e novo casamento.

Herodíades nasceu em uma família de intrigantes e conspiradores, para os quais o poder e a segurança tinham de ser conseguidos a qualquer custo. A família nunca foi um espaço seguro para Herodíades. Pais e avós foram mortos. Tios eram maridos em perspectiva ou aspirantes a assassinos. Mães, irmãs e primas eram fre-

---

7 Os herodianos não tinham permissão para chamarem a si mesmos reis. Augusto deu-lhes o título de *tetrarca*, que significa "governante de um quarto" — no caso de eles esquecerem quem estava no comando.
8 No tempo de Jesus, Pôncio Pilatos era o governador da Judeia.

quentemente trocados para satisfazer os interesses de fosse qual fosse o homem que no momento estivesse na linha de sucessão. Herodíades tornou-se mulher sabendo que vivia entre pessoas que a manipulavam para conseguir o que queriam.

Outra família moldou Herodíades, com a influência que faz ser ainda mais provável o retrato dela que vemos em Marcos. Herodes mandou os filhos que teve com Mariana I para serem educados na casa de Augusto em Roma. Herodíades nasceu e cresceu na casa de César Augusto, sob a orientação de sua mulher, Lívia. Embora fosse judia, Herodíades foi criada como romana — e as mulheres romanas ocupavam na sociedade um lugar diferente do das judaicas, principalmente entre os nobres. Lívia era amplamente conhecida como estando à altura de Augusto e ficou (mal-)afamada pelos modos masculinos com que empregava o poder. Embora o papel tradicional da mulher romana fosse supervisionar o lar, Lívia viajava com Augusto. Recebia dignitários e participava de funções diplomáticas cerimoniais. Chegava a ser mediadora entre Augusto e cidadãos romanos[9].

Assim, Herodíades tornou-se mulher vendo uma mulher real forte exercer sua vontade livremente, em parceria com o imperador de Roma. E a Herodíades de Marcos é astuta, vingativa, que considerava João um obstáculo a seu poder e posição. Quando seu marido não quis executá-lo, Herodíades resolveu o problema por sua conta, maquinando um esquema inteligente que não foi notado nem por Antipas nem por João. Em alguns breves versículos, Herodíades demonstrou a crueldade do avô Herodes e a sagacidade política de sua protetora Lívia. Ela era produto de suas famílias.

Marcos posicionou Herodíades como uma Jezebel de nossos dias que se opôs ao profeta divinamente ordenado porque era má. No entanto, como com Jezebel, as deficiências da figura da rainha

---

9 Enquanto Augusto viveu, Lívia gozou da liberdade de fazer o que queria e se tornou muito popular entre os cidadãos romanos. Depois da morte de Augusto, ela enfrentou crescente oposição do senado e do filho, Tibério, por causa de sua busca de poder de um jeito pouco feminino.

má não deixam Herodíades ser plenamente humana. Ela era filha, irmã, esposa, mãe.

Os legados de Herodes e Lívia moldaram Herodíades. Desde que nasceu, ela aprendeu que o único poder, o único desempenho que teria seria o que ela tomasse para si. Como rainha, não comandaria exércitos. Como judia, não ocuparia nenhuma cadeira no senado. Como mulher, não poderia silenciar nenhuma oposição. Os instrumentos à sua disposição eram a astúcia e a persuasão e ela cresceu em uma família na qual essas características eram manejadas como armas perigosas.

Como Herodíades poderia ter considerado João outra coisa além de adversário? E considerando como Herodes e Lívia tratavam os adversários, de que outra maneira Herodíades reagiria a quem era uma ameaça a seu poder?

Nada disso perdoa Herodíades. Não importa como nossas famílias nos moldam, somos responsáveis por nossos atos, mas talvez a história dela deva nos causar hesitação. Sua família moldou-a de tal maneira que lhe era difícil ouvir a voz de Deus chamando-a ao arrependimento por intermédio de João. Ao contrário, ela se excedeu, matando a voz do desafio, em vez de prestar atenção no profeta.

A MAÇÃ NÃO CAI MUITO LONGE DA ÁRVORE

Toda família tem seus legados inconfundíveis de pecado. Nas Escrituras, vemos claramente o pecado genético e Deus nos adverte contra ele já na história do Êxodo, quando Israel recebe os Dez Mandamentos. Entremeado no mandamento contra a idolatria:

> Eu, Javé, teu Deus, sou um Deus ciumento: castigo a maldade dos pais também em seus filhos e até nos netos e bisnetos daqueles que me odeiam, mas faço misericórdia até mil gerações para com aqueles que me amam e guardam os meus mandamentos. (Ex 20,5-6)

Na adolescência, esses versículos me aterrorizavam. Meus pais se divorciaram quando eu tinha treze anos e passei muito tempo imaginando como exatamente Deus me puniria (e, talvez, até meus bisnetos) pelo que eles haviam feito. Há poucos anos, soube que descendo de um proprietário de escravos do estado da Virgínia. Nunca saberei até onde meus antepassados são culpados pelo estado das relações inter-raciais nos Estados Unidos de hoje. É impossível determinar quanto da vida boa de que gozo é possível porque, no passado, um membro de minha família era dono de outros seres humanos. A realidade, porém, é que tanto na história recente como na distante minha família pecou.

Cresci em uma tradição religiosa que nunca examinou o pecado como outra coisa além de ações moralmente erradas cometidas por um indivíduo. Quando fazia algo considerado incorreto, eu muitas vezes imaginava um gigantesco quadro-negro no céu onde Deus acrescentava outra marca de erro grave ao lado do meu nome[10].

Nesse entendimento do pecado, o conceito de pecado genético parece profundamente injusto. Por que eu deveria sofrer se meus pais decidiram divorciar-se? Por que eu deveria ser punido se um de meus antepassados comprava e vendia outros seres humanos? Por que eu deveria sofrer as consequências de alguma coisa que outra pessoa fez? Até as criancinhas sabem que isso não é justo.

O problema é que a experiência nos diz que o pecado é *sim* transmitido de geração a geração. Os filhos de alcoólicos têm maior probabilidade de se tornarem alcoólicos. As vítimas de abuso sexual têm três vezes mais chance de também praticarem abusos sexuais[11]. Com nossas famílias, aprendemos a lutar e a entender nossos corpos. A voz crítica em nossa cabeça soa como um irmão mais velho, um pai ou mãe, um avô, uma tia ou um tio. Volte gerações suficien-

---

10 Se isso não é bastante confuso, experimente isto: então eu imaginava que Deus decretava em retrospecto no tempo uma dor extra para Jesus sofrer na cruz cada vez que eu fazia alguma coisa errada. Combinava o meu amor pela teologia e pela ficção científica para criar uma perfeita máquina de vergonha.

11 GLASSER, M. et al., Cycle of Child Sexual Abuse. Links Between Being a Victim and Bacoming a Perpetrator, *British Journal of Psychiatry* 179 (2001) 482-494.

tes e com certeza os pecados surgem repetidamente. Como árvore que cresce junto de uma cerca, nossas árvores genealógicas entrelaçam-se com certos pecados.

Podemos falar do pecado como más ações individuais, mas a Bíblia aborda o pecado como algo muito maior e mais insidioso que uma ação meramente individual. O teólogo católico Robert Barron descreve-o tal qual uma atmosfera que nos envenena desde o momento em que nascemos:

> Não existe ato moral nem atitude psicológica que, em certo sentido, não afete todo o organismo que é a raça humana. E não existe, portanto, nenhuma perversão ou abuso de energia espiritual que não afete adversamente todo o "corpo" do humano. Desde os povos mais primitivos através dos séculos, o abuso da liberdade constrói uma espécie de campo de força negativo que, por bem ou por mal, hoje afeta cada pessoa no planeta. O egotismo existe como uma espécie de atmosfera espiritual venenosa que todos nós respiramos desde o momento em que assumimos a condição humana. O pecado que se origina do medo impõe-se em nossas instituições, nossos governos, nossos modos de organização social, nossos sistemas de educação, nossas linguagens, nossas religiões, nossa literatura e filosofia, nossas histórias míticas, nossos estabelecimentos militares, nossos estilos de recreação, nossas estruturas econômicas. Por meio desses sistemas e instituições, o pecado nos cerca, nos envolve, quase nos define. Como os prisioneiros na caverna de Platão, nós nos encontramos — apesar de nossos melhores esforços e intenções — presos pelas algemas do pecado institucionalizado[12].

---

12 BARRON, ROBERT, *And Now I See. A Theology of Transformation*, New York, Crossroad, 1998, 49.

O pecado é inevitável porque o bombeamos em nossas instituições, culturas e famílias desde que os seres humanos perambulam pela terra. Como uma doença, o pecado nos contagia desde o primeiro ar que respiramos, pervertendo-nos à medida que crescemos. Damos de ombro e dizemos: "Errar é humano". Adaptamo-nos ao pecado, até chegar ao ponto de nem mesmo percebermos que *é* pecado.

Como os cristãos puderam marchar para as Cruzadas? Como os cristãos puderam participar de todas as etapas do tráfico de escravos? Como os cristãos puderam assassinar quem eles consideravam hereges? Como os cristãos puderam fazer vista grossa ao Holocausto? Nos tempos atuais, arrumamos desculpas: "Eram pessoas de seu tempo. Não é certo julgar as ações de ontem pela moralidade de hoje".

Ótimo (suponho). No entanto, aqui a pergunta mais importante é: Como sou uma "pessoa do meu tempo"? Quais os pecados de que posso ter tomado parte hoje — totalmente seguro de minha retidão — que serão condenados pela Igreja do futuro? Talvez perguntem: "Como os cristãos puderam fazer ameaças de ódio e morte à comunidade LGBT? Por que a Igreja é tão segregada? Como a Igreja Ocidental pôde ignorar os milhões do sul global que não têm acesso a água limpa? Eles não compreendem que a criação é dádiva preciosa de nosso Criador? Como puderam ser tão descuidados com a comida, o combustível e o lixo?"[13] O pecado perverte completamente a essência de nossas instituições. Como peixes que não entendem o oceano, somos cegos ao pecado porque ele está tão disseminado, porque nos contamina desde o momento em que nascemos.

Herdamos o pecado de nossas famílias, de nossa cultura, de nosso mundo. Crescemos pervertidos e desorientados. Nossa idolatria tem consequências desastrosas não apenas para nós, mas também para as gerações que nos seguem.

---

13 Essa parte do lixo é francamente assustadora. Se quer ficar bem constrangido quanto a jogar fora qualquer coisa, leia o excelente romance descritivo *Trashed* por Derf Backderf.

Algum lugar do qual faço parte

A síndrome de conversão no acampamento ajudou-me a entender o problema do pecado genético. Cresci em uma igreja com um grande grupo jovem ativo. Íamos todo ano ao acampamento de verão, por isso eu estava familiarizado com o fenômeno da "conversão de acampamento". A síndrome da conversão de acampamento acontece quando um adolescente tem uma experiência no acampamento — ou conversão ou nova dedicação da vida a Deus. Ele assume grande quantidade de compromissos, prometendo abster-se de tudo, de encontros amorosos a drogas e álcool e a blasfêmias. E, durante umas duas semanas depois do acampamento, ele persevera nesses compromissos. No entanto, mais cedo ou mais tarde (geralmente mais cedo), o adolescente volta às condutas anteriores ao acampamento.

Poderíamos dedicar um livro inteiro à problemática da experiência de conversão de acampamento — repisando o sentimentalismo dos chamados do altar e os perigos de associar tão estreitamente um relacionamento com Deus a condutas. Em meus seis anos como pastor de jovens, porém, vi muitos garotos experimentarem movimentos genuínos do Espírito em acampamentos (e em retiros, entre outros). Testemunhei mudanças genuínas e desejos ardentes de seguir o caminho de Deus e participar da vida do Espírito.

E então aqueles mesmos garotos iam para casa, de volta aos ambientes nos quais tinham aprendido a pecar. O problema não era que os adolescentes não haviam experimentado mudança genuína, pois chegaram como pessoas desajustadas e Deus os transformou em peças autênticas. Quando voltaram para casa, para a família, para a escola, para os amigos, porém, descobriram que nada mais tinha mudado. O desajuste ainda estava à espera deles.

Em minha experiência, eram necessárias duas semanas de desajuste para muitos garotos decidirem ser mais fácil voltar a agir como desajustados. Não que sua experiência não fosse real, mas a influência da família pecaminosa era muito forte.

O pecado é mais que a soma de nossas ações imorais. O pecado é uma atmosfera tóxica que respiramos desde que nascemos. Dito isso, nascer em padrões de pecado não é o mesmo que pecar. Na esteira do exílio, muitos israelitas se perguntaram por que tinham de sofrer o castigo pelos pecados dos pais. Os profetas de Israel havia muito tinham advertido que se Israel não se afastasse da idolatria e se voltasse para o culto de Deus, este os entregaria aos inimigos. Eles não escutaram, por isso Deus os entregou. Sem a proteção e a providência divinas, o Império Babilônico subjugou a Judeia, destruiu Jerusalém e o templo, deportando os líderes judeus para a Babilônia.

Os israelitas entenderam o exílio como consequência do pecado deles, mas isso não afetou só os israelitas adultos. Seus filhos também suportaram o peso do exílio. Quando se voltaram para a Escritura a fim de entender o porquê, encontraram a mesma promessa nos dez mandamentos. Protestaram como nós: "Não é justo!". E, ao protesto deles, Ezequiel anunciou:

> Perguntareis: "Por que o filho não foi responsabilizado pelos crimes de seu pai?". Porque o filho procedeu segundo o direito e a justiça; observou todas as minhas prescrições e as pôs em prática; por isso terá vida. A pessoa que pecar é que deverá morrer. O filho não será responsável pelo pecado dos pais, nem o pai responsável pelo pecado do filho. O justo será tratado como justo e o ímpio será tratado como ímpio. (Ez 18,19-20)

Deus promete que só a pessoa que peca é responsável por esse pecado. Aquele que segue o caminho de Deus compartilha da vida divina. É muito boa-nova em nível individual: não somos responsabilizados pelos pecados de nossos pais (nem dos pais deles, nem de seus bisavós e assim por diante).

No entanto, há uma área sombria: embora não sejamos responsáveis pelo pecado no qual nascemos, esse pecado nos corrompe. Essa atmosfera de pecado nos deforma em seres para os quais agir contra a vontade divina parece natural. A verdade insidiosa do pecado é que ele nos convence de que somos menos do que fomos criados para ser.

Quando somos salvos, Deus nos transforma em novas criações. O Espírito Santo — o mesmo Espírito que ressuscitou Jesus dos mortos — nos renova. Deus nos permite viver na nova realidade que a ressurreição de Jesus inaugurou, o que as Escrituras chamam de o reino de Deus.

Mas ainda vivemos naquele mundo velho, corrompido pelo pecado. Apesar de recebermos novos pulmões, ainda respiramos aquele velho ar envenenado. Se não formos diligentes, sem perceber, escorregaremos de volta para velhos padrões de pecado. Embora estejamos transformados em pessoas autênticas, muitas vezes achamos mais fácil agir como desajustados.

Um legado de vida

Minha mãe é terapeuta formada em sistemas familiares. Se você fosse consultá-la, a primeira sessão se passaria apenas desenhando sua árvore genealógica, remontada a pelo menos três gerações, e pesquisando como cada indivíduo dessa árvore interage com todos os outros. Um componente significativo do trabalho do terapeuta de sistemas familiares é ajudá-lo a entender como o sistema familiar do qual você faz parte produziu e incentivou as atitudes e as condutas que o levaram à terapia.

Quando você começa a sarar, a tarefa do terapeuta passa a ser ajudá-lo a se preparar para a maneira como seu sistema familiar vai reagir a sua cura, porque normalmente nossas famílias não ficam felizes quando começamos a sarar. Todo sistema é conservador; resiste à mudança. A cura é mudança e quer estejamos sarando de um trauma psicológico, quer estejamos nos renovando em Cristo, os sistemas pecaminosos que nos moldaram resistem.

Deixados por nossa conta, todos estamos fadados à síndrome da conversão do acampamento. Felizmente, quando o Espírito nos dá vida nova, somos acolhidos na Igreja, o corpo de Cristo. Jesus nos diz que a Igreja é uma família espiritual, uma família que substitui as famílias onde nascemos.

> Então chegaram sua mãe [de Jesus] e seus parentes, que, ficando do lado de fora, mandaram chamá-lo. Uma grande multidão estava sentada em volta dele, quando lhe disseram: "Tua mãe e teus irmãos estão lá fora. Estão à tua procura". Ele respondeu: "Quem é minha mãe e quem são os meus irmãos?". E olhando para os que estavam sentados à sua volta disse: "Estes são minha mãe e meus irmãos. Pois todo aquele que faz a vontade de Deus, esse é meu irmão e minha irmã e minha mãe". (Mc 3,31-35)

Se as palavras de Jesus lhe parecem radicais, elas pareciam muito mais no mundo antigo. No entanto, são boa-nova para todos nós, que herdamos o pecado de nossa família. Jesus nos convida a segui-lo e a renascer em uma nova família marcada pelas águas do batismo.

A Igreja é uma nova família espiritual. É uma nova cultura espiritual. É uma nova instituição espiritual. A Igreja é o reino de Deus, a nova realidade inaugurada pela ressurreição de Jesus, que irrompe no meio de nossas instituições, culturas e famílias pecaminosas, desalentadas, mas que foram todas renovadas pelo mesmo Espírito que ressuscitou Jesus dos mortos.

Juntos, aprendemos a ser o povo de Deus. Juntos, entoamos hinos que nos ensinam a linguagem da fé. Rezamos juntos. Juntos, lemos as Escrituras, analisando o legado de nossa nova família. Aproximamo-nos da mesa e compartilhamos do pão e do vinho para que possamos receber a graça de continuar unidos, buscando nossa salvação. Servimos juntos, imitando o amor generoso de nosso rei, o primogênito dentre os mortos.

Ao longo do caminho, começamos a nos ver refletidos nas vidas de nossos irmãos e irmãs espirituais. Atitudes e condutas que nunca reconsideramos de repente parecem estranhas, problemáticas, até mesmo pecaminosas. Aprendemos que explodir não é o único jeito de reagir a conflitos. Aprendemos a compartilhar nossas ideias sem julgamento. Aprendemos a amar a nós mesmos, experimentando o amor dos outros. Na igreja, entre o povo de Deus, o Espírito nos transporta ao corpo de Cristo, a uma nova família, e aprendemos a viver essa nova vida que Jesus conquistou para nós[14].

A boa-nova é que o pecado genético não é o fim da história. Mesmo no Êxodo, Deus prometeu: "Mas faço misericórdia até mil gerações para com aqueles que me amam e guardam os meus mandamentos" (Ex 20,6). O pecado não é tudo que herdamos de nossos pais. Nossas famílias biológica e espiritual podem formar um forte legado de fidelidade. Talvez você tenha aprendido com seus pais uma forte ética de trabalho ou um espírito de fidelidade tranquila, humilde. Meus pais me ensinaram a ser acolhedor e hospitaleiro. Transmitiram-me uma preocupação por estranhos que *eles* herdaram de *seus* pais.

A fidelidade que aprendemos com a Igreja também é herdada. Volte o suficiente em minha genealogia e encontrará Michael Miksch, o homem que trouxe para a América do Norte a Igreja da Irmandade Morávia. Meu bisavô, Paul Life, é o pastor da Igreja Metodista Unida que mencionei no início do capítulo. Cresci ouvindo histórias das igrejas nas quais ele foi pastor, inclusive aquela em que fazíamos nossa reunião familiar de Ação de Graças e outra onde ele aceitou o púlpito, depois que o pastor anterior fugiu com uma paroquiana de dezesseis anos. Há muitas histórias de como ele levou esperança e cura a pessoas que ninguém achava que valiam a pena.

Não é tão surpreendente, então, que eu seja pastor de uma igreja para aqueles que não encontraram um lugar em ambientes religiosos tradicionais. Venho de uma longa linhagem de indivíduos compelidos por sua fé para as margens, para os desencantados e desprivilegiados. Esse legado de fidelidade estende-se em minha árvore genealógica por geração após geração.

Nenhum de nós vem de uma família perfeita, mas o Espírito, por intermédio de Jesus, nos convida a todos, para nos juntarmos à fa-

---

14 Estou dolorosamente inteirado sobre essa não ser a experiência de todos na Igreja. Sou pastor de toda uma comunidade de indivíduos que carregam cicatrizes terríveis que receberam nas mãos de pessoas religiosas. Abordaremos isso nos próximos capítulos.

mília de Deus. Podemos aprender a ver nosso pecado e a cultivar novos hábitos de fidelidade que vão ecoar pelas gerações e nos corredores da eternidade.

11

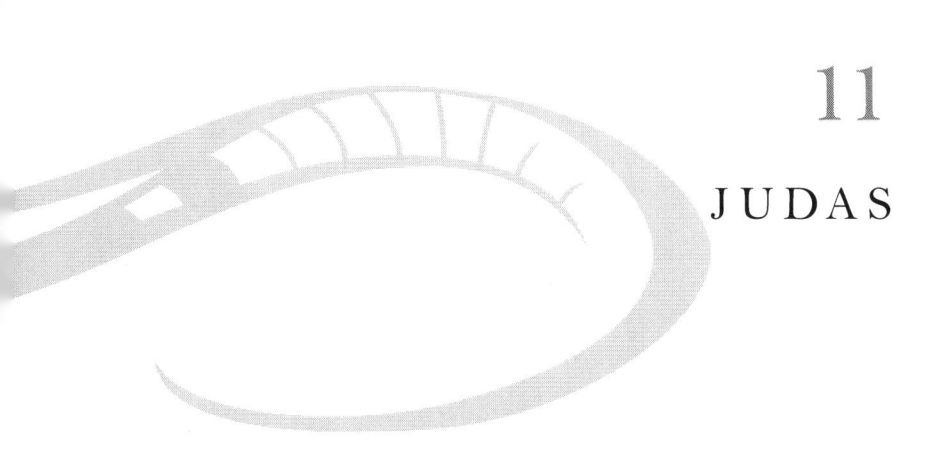

JUDAS

Judas Iscariotes, um dos Doze, foi procurar os sacerdotes-chefes para lhes entregar Jesus. Eles se alegraram com esta novidade e prometeram dar-lhe dinheiro. Judas, por seu lado, procurava uma ocasião para entregá-lo.

(Mc 14,10-11)

Meia-noite de terça-feira

Judas fugiu para a escuridão, escolhendo o caminho com o maior cuidado possível à luz da lua. Acovardava-se a cada brisa, certo de que os outros haviam notado sua ausência e percebido sua intenção. Eles tentariam impedi-lo. Nenhum deles acreditava que Jesus perdera a fé.

Os sinais estavam ali, para quem quisesse ver. Ninguém *estar* prestando era exatamente a razão de Judas fugir para Jerusalém oculto pela escuridão. Diziam que *ele* perdera a fé. Judas, porém, filho de Simão, não perdera a fé. Sabia sem sombra de dúvida que Jesus era o Messias prometido. Era a pedra sobre a qual construíra suas esperanças. Ele não perderia a fé — embora o próprio Jesus a tivesse perdido.

Domingo

A semana foi tumultuada, para dizer o mínimo, cheia de presságios do dia que se aproximava, se — como Judas — a pessoa fosse inclinada a ler sinais e portentos nos acontecimentos. "Não que a pessoa tenha de ser mágico", Judas pensou. "Jesus nunca teve a força da sutileza e parou de fingir no caminho para Jerusalém."

No dia em que sabia que Pilatos entraria em Jerusalém pelo oeste, Jesus entrou pelo leste. A parada romana era toda composta de cavalaria, soldados, pendões e estandartes imperiais, exibição de poder para lembrar aos peregrinos que celebravam a Páscoa Judia de que César não era nenhum faraó lançado ao mar com tanta facilidade. A parada de Jesus era toda composta de camponeses galileus agitando ramos de palmeira e entoando hinos triunfais. Pilatos entrou montado em um cavalo branco; Jesus, montado em um burro. Se é que Roma prestou atenção, ele não era nenhuma ameaça. No entanto, todos os galileus e judeus conheciam as palavras de Zacarias: "Eis que teu rei vem a ti; ele é justo e vitorioso, humilde e montado em um burro, em um burrinho, filho de jumenta". Em uma ação única, Jesus inspirou seus partidários galileus, declarou seu messianismo a Jerusalém e zombou de Roma. Judas sempre se maravilhara com a inteligência de Jesus, mas essa procissão fora um golpe de mestre.

Seguindo atrás de Jesus, batendo palmas e cantando com a multidão, Judas marchou para a história. Alguns dias antes, os Doze discutiram a quem seria concedido sentar-se à direita e à esquerda de Jesus. Os filhos de Zebedeu tinham realmente *pedido* isso. No entanto, enquanto seguiam seu rei à Cidade Santa, para Judas a discussão parecia banal. Eles todos caminharam atrás de seu Messias. "Daqui a mil anos", ele pensou, "nossos descendentes contarão histórias de seus tataravós que entraram em Jerusalém e para a glória, que derrotaram Roma e inauguraram o reino do céu na terra. E quem de nós será citado? Eu!"

"Talvez o entusiasmo tenha deixado os outros discípulos cegos aos sinais", Judas pensou. Notou como Jesus estava tranquilo no meio da celebração. Aquele dia, quando visitaram o Templo, Jesus olhou em volta no pátio dos gentios e cuidadosamente observou a situação. Seu silêncio no caminho de volta a Betânia aquela noite havia sido fora do comum. Os outros riram e brincaram, incapazes de ver através do atordoamento da glória prevista.

Segunda-feira

A figueira os pegou a todos desprevenidos. Parecia que Jesus estava inexplicavelmente irritado por não encontrar figos. Depois que ele amaldiçoou a árvore, André se aproximou dele:

— Senhor, qual é o problema? Sabes que não é tempo de figos.

Jesus suspirou profundamente.

— Sim, André. Mas de algumas coisas deveria sempre ser tempo.

Os Doze estavam acostumados a respostas enigmáticas da parte dele, por isso assentiram com a cabeça e trocaram os costumeiros olhares desapontados. Presumiram — corretamente, como se viu — que Jesus lhes explicaria mais tarde.

Ao galgar o Monte das Oliveiras, pararam, como sempre faziam, para se maravilhar com o Templo. O coração de Judas disparou à vista do Templo no topo do Monte Sião, resplandecente à luz do sol. Daquele ponto vantajoso era óbvio que a enorme e bela estrutura era o próprio escabelo do Senhor.

Eles desceram a Jerusalém pela porta oriental ao pé do Monte do Templo e então entraram no pátio dos gentios, já cheio de peregrinos que se preparavam para a Páscoa. Jerusalém, cidade imensa em qualquer ocasião, nunca se enchia tanto quanto na Páscoa e o Templo era o centro da atividade pascal. Milhares espremiam-se dentro dos muros, trocando denários romanos por moedas judaicas, comprando e vendendo animais.

Em um momento, Judas estava absorto nos espetáculos, sons e cheiros da multidão. No outro, ouviu gritos e, depois de correr os olhos pela aglomeração, descobriu Jesus virando mesas e citando profetas. Ele abriu gaiolas, sacudindo-as para libertar pombas, desamarrou e empurrou cordeiros, removeu das mesas as moedas cuidadosamente empilhadas, jogando-as em direção aos peregrinos. Os mercadores também gritavam, alguns tentando argumentar com ele, outros chamando a guarda do Templo.

Vários sacerdotes abriram caminho pela multidão. E, no mesmo instante em que chegaram perto para confrontar Jesus, ele parou, virou-se e gritou: "Está escrito: Minha casa será chamada casa de oração! Vós, porém, a transformastes em covil de ladrões!".

Jesus recusou-se a deixar os mercadores juntarem os animais, embora vários deles tentassem tirar à força suas moedas das mãos dos peregrinos que as haviam apanhado. Os sacerdotes cochicharam entre si e finalmente mandaram pedir instruções a seus superiores. A notícia de que o rabino da Galileia estava ali espalhou-se depressa por todo o complexo do Templo.

Antes que alguém pudesse decidir o que fazer com Jesus, o pátio dos gentios foi invadido pelos cegos e os coxos. Como sempre, Jesus começou a curar. Homens que não puderam entrar no Templo durante anos foram trazidos até ele e curados. De imediato correram aos sacerdotes para serem declarados puros. Um ar de celebração passou a se espalhar por todo o pátio à medida que cada vez mais pessoas eram curadas. Alguém — provavelmente Filipe ou Bartolomeu — começou a entoar os mesmos salmos messiânicos que entoaram quando entraram na cidade.

Era difícil não ficar empolgado na euforia. O Messias entrara em Jerusalém e lá estava ele, na casa do Senhor, representando o ano do jubileu. Judas sentiu-se levado, em meio à agitação, na corredeira da história em desenvolvimento. Ninguém parecia notar o medo nos olhos dos mercadores e dos sacerdotes, nem ver os líderes dos fariseus e os herodianos cochichando uns com os outros nos cantos do pátio. Ninguém exceto Judas — e Jesus, que tudo via.

Terça-feira

Na manhã seguinte, a caminho da cidade, notaram a figueira seca e morta, suas folhas uma coroa fúnebre espalhada no chão. Quando a viram, os Doze começaram a sussurrar uns para os outros, mas foi Pedro quem disse: "Olha, Rabi, a figueira que amaldiçoaste ficou seca".

Jesus diminuiu o passo e virou-se para eles. Só uma vez antes — quando Jesus ficou sabendo que seu primo João tinha sido executado —, Judas vira tanto cansaço no rosto de seu rabi. Era como se ele fosse Sansão subindo para o Hebron com as portas de Gaza, mas sem a grande força de Sansão.

— Tende fé em Deus! — olhou na direção do Templo no alto do Monte Sião. — Eu vos declaro esta verdade: se alguém ordenar a este monte: "Levanta-te, joga-te no mar!", sem duvidar no coração, mas crendo que se cumprirá a sua palavra, ele o conseguirá. — Virou-se de novo para os Doze: — Oração, meus filhos. Oração. Tudo o que pedirdes na oração, crede que certamente o recebereis e vos será concedido.

Enquanto desciam para Jerusalém, Judas refletiu nas inquietantes palavras obscuras de seu rabi. "Por que alguém ia querer lançar Sião ao mar? Babilônia destruiu o Templo de Salomão, mas não pode destruir o Monte Sião. Nem mesmo Roma pode destruir Sião." O trecho de um hino veio à mente de Judas e parecia particularmente apropriado naquela semana histórica.

Judas acotovelou Pedro, que caminhava a seu lado, e murmurou alto o suficiente para que ele pudesse ouvir:

— Deus é nosso refúgio e fortaleza.

Pedro sorriu e um hino brotou-lhe dos lábios, caracteristicamente retumbante e desafinado:

> Socorro permanente em nossa angústia.
> Se a terra estremecer, não temeremos;
> nem se dentro do mar ruem montanhas.
> Podem rugir e altear-se as suas águas,
> podem tombar os montes sob o impacto.

O júbilo de Pedro logo contagiou o restante dos Doze. No entanto, Judas rapidamente ficou para trás. "Ninguém mais percebe que Jesus não está cantando conosco?"

Voltaram ao Templo e Judas não se surpreendeu ao notar que eram esperados; vários fariseus proeminentes acotovelavam-se no canto do pátio. Quando viram Jesus, começaram a falar apressadamente todos ao mesmo tempo. Judas os viu conspirando com outro grupo de homens que reconheceu serem herodianos. Alguns dias antes, perceber esses dois grupos conspirando encheria Judas de pena justificada. O inimigo de seu inimigo os faz amigos, mas que esperança têm os amigos do Messias? Hoje, entretanto, Judas não podia ignorar a sombra sutil do medo que o comportamento cada vez mais estranho de Jesus provocava.

Judas estava tão concentrado nos conspiradores que não notou o emissário surgir do Templo. Quando o murmúrio à sua volta aumentou, porém, ele se virou e observou a multidão dar passagem para um grande grupo de sacerdotes e escribas que vinham em direção a Jesus e aos Doze. Parecia que todos, exceto o sumo sacerdote Caifás, caminhavam em direção a eles. O olhar de Jesus era severo e o cansaço de antes se fora, ou pelo menos não estava visível.

Um dos chefes dos sacerdotes deu um passo à frente:

— Agora ouve, seu criador de caso. Não podes simplesmente entrar aqui e atrapalhar os procedimentos pascais.

Jesus deu um fraco sorriso.

— Vejo que recebestes minha mensagem. — Olhou em volta do pátio. — Vejo também que ainda tendes de expulsar os ladrões da casa de meu Pai.

— Sim, sim. És um profeta. Todos estamos *profundamente* impressionados, eu te asseguro — o sarcasmo do sacerdote era exagerado e vários de seu grupo deram um risinho de aprovação. — Dize-me, *profeta*, com autorização de quem fazes estas coisas? Quem te deu permissão para entrar aqui e começar a virar mesas?

Judas percebeu a cilada. Se Jesus alegasse autoridade divina ali, diante dos líderes do Templo, eles poderiam prendê-lo. Judas amaldiçoou a si próprio como um idiota. "Devíamos estar preparados para isto. Este podia ser o momento de Jesus se dar a conhecer! E não trouxemos espadas; não nos entrosamos com os homens que desceram da Galileia conosco."

Antes que Judas pudesse fazer outra coisa além de entrar em pânico, Jesus disse ao chefe dos sacerdotes:

— Respondei-me uma pergunta e eu responderei à vossa. O batismo de João era do céu ou apenas uma invenção humana?

O chefe dos sacerdotes fechou a cara e, depois de pensar um momento, virou-se para consultar os amigos. De repente, Judas notou que no pátio dos gentios muita gente estava assistindo a esse confronto e não lhe restava dúvida de que muitos deles haviam recebido o batismo de João. Judas maravilhou-se de novo com a rápida resposta de Jesus. Se negassem que João era um profeta verdadeiro, os sacerdotes perderiam credibilidade com a multidão. No entanto, se admitissem que João era do céu, Jesus poderia perguntar por que rejeitaram seu chamado ao arrependimento. De um jeito ou de outro, eles se enfraqueceriam como líderes do Templo.

Finalmente o sacerdote virou-se de novo para Jesus:

— Não sabemos.

— Não conseguistes discernir a verdade do ministério de João? — Jesus sorriu. — Não admira que vos atrapalheis com o meu.

Judas viu que eles ficaram vermelhos. Vários puxaram as barbas e cochicharam irritados uns com os outros, mas nenhum ousou desafiá-lo em público novamente. Jesus começou a ensinar a multidão, narrando suas parábolas características, porém desta vez descrevendo os líderes religiosos de Jerusalém como perigosos, corruptos e perversos. Não demorou muito para que metade do pátio passasse a escutá-lo — inclusive, muitos dos escribas e sacerdotes, bem como alguns saduceus, fariseus e herodianos. Repetidas vezes faziam-lhe perguntas, passando-se por amigos, mas cada indagação era uma cilada cuidadosamente armada que buscava desacreditá-lo. Repetidas vezes Jesus saltava entre suas ciladas e os pegava nelas.

Durante a refeição do meio-dia, ninguém ousava fazer-lhe perguntas. Quando a multidão começou a se dispersar, Jesus a despediu de uma vez, conduzindo os Doze para fora do Templo pela porta das ovelhas. Judas perdeu-se em meio às colunas, torres e pedras.

— Vê, Rabi! Estas pedras são tão grandes! Já trabalhaste com alguma coisa tão bela? Com certeza o trabalho é incomparável. Não admira que o mundo inveje este templo. Verdadeiramente uma casa digna do Senhor!

Jesus voltou e correu os olhos pela porta do Templo, observando o complexo todo com seu olhar de carpinteiro. Inclinou os ombros e disse:

— Vede estes grandes edifícios? Não restará nenhuma destas pedras magníficas sobre outra semelhante. Todas as pedras e vigas serão totalmente destruídas.

Então, virou-se e saiu da cidade. Nenhum deles falou. O que poderiam dizer? O pensamento de Judas disparou. "Este Templo está de pé há tanto tempo quanto durou o de Salomão e depois dos restauros de Herodes ficou muito mais magnífico — mais de quinhentos anos desde que Babilônia destruiu a cidade santa. Realmente, Roma é mais poderosa do que Babilônia jamais foi, mas não é por isso que o Messias veio agora? Para vencer os inimigos de Deus? Para preservar o povo de Deus? Para defender a casa de Deus?"

A dúvida cresceu como erva daninha na mente de Judas quando ele recordou as palavras de Jesus perto da figueira: "Se disserdes a este monte: 'Levanta-te, joga-te no mar!', isso se fará".

Quando estavam longe da cidade, André perguntou a Jesus o que ele queria dizer com sua profecia. A resposta dele, porém, não esclareceu nada. Ele não prometeu conquista e vitória, mas perseguição, prisão e traição. Profetizou um sacrilégio desolador, com os inimigos de Deus invadindo o Santo dos Santos, como Pompeu fizera um século antes. Prometeu sofrimento em uma escala desconhecida desde Noé e a ruína da criação. Quando passaram pela figueira mais uma vez, ele apontou para ela: "Sabeis que, quando esta árvore floresce, chegou o verão. Assim, também, vigiai para perceberdes estes sinais. O fim do mundo está próximo. Alguns de vós vivereis para vê-lo".

Eles nada mais disseram no caminho de volta a Betânia. As últimas palavras de Jesus ecoaram reiteradamente na mente de Judas: "Vigiai". Judas estava vigiando e o que ele via era um homem sendo esmagado pelo peso de sua missão. Jesus estava cedendo. Ele devia desafiar Roma — como fizera quando entrou na cidade. No entanto, passou os dois últimos dias irritando os líderes judaicos, fazendo muitos na cidade se voltarem contra ele. E estava pedindo a destruição do Templo, a ruína da criação.

Enquanto seguia seu rabi, seu Messias, Judas pensou no vento e nas ondas obedecendo às ordens de Jesus. Em espíritos impuros fugindo a uma palavra dele. Em incontáveis olhos se abrindo e em línguas se soltando. Nos mortos ressuscitados.

Nos ombros caídos de Jesus, porém, Judas não viu nenhum poder. Viu dúvida — ou, pior, derrota.

Noite de terça-feira

Naquela noite, um homem chamado Simão deu um banquete em homenagem a eles. No dia anterior, Jesus o curou da lepra no Templo e Simão não poupou despesas para a refeição. Mostrou-se excelente anfitrião. As almofadas em que se reclinavam eram confortáveis; os escravos eram atentos e discretos ao lavar pés e servir a comida que estava bem preparada. Judas deduziu que antes da doença Simão era homem de certa proeminência em Jerusalém, talvez um fariseu. No entanto, embora um sacerdote do Templo o declarasse puro depois da cura, Judas não viu ninguém da elite religiosa presente ao banquete. *Não é surpreendente, depois do confronto de hoje.* Um mau agouro estava por trás de toda a conversa e risada em volta da mesa.

De repente, o cheiro da morte encheu as narinas de Judas. Ele sentiu náuseas quando o ar ficou turvo com o perfume de nardo. Espontaneamente, imagens afluíram-lhe à mente: A preparação do corpo de sua mãe para o enterro. Os lamentos das carpideiras quando depositaram seu avô no túmulo da família. O irmãozinho que morreu antes de aprender a andar.

Judas olhou para trás e viu uma mulher que ele não conhecia com um vidro de perfume nas mãos, cujo conteúdo derramava com cuidado nos pés de Jesus. A princípio, julgou que era uma escrava, mas ela não estava vestida como tal. Ele observou o tamanho e a arte do frasco. "Aquele nardo devia valer no mínimo os salários de um ano."

Os que estavam à mesa começaram a fervilhar com embaraço e revolta. De repente toda a área cheirava como a um enterro, o perfume forte do nardo sobrepujando a fragrância do cordeiro e dos temperos. Judas percebeu que ele não era o único a perder o apetite, mas ninguém sabia o que fazer. Até Simão olhou para ele sentado à sua direita no lugar de honra.

No entanto, os olhos de Jesus estavam fechados em silenciosa meditação. Ele se recostou e deixou que a mulher derramasse o perfume em sua cabeça também. Enquanto ela esfregava o óleo em seus cabelos, Jesus abriu os olhos e eles estavam úmidos. A tensão que Judas tinha percebido nos ombros de seu rabi sumira; por um momento, Jesus era como um bebê deitado no colo da mãe. Pela primeira vez desde que chegaram à Judeia, ele parecia tranquilo.

Judas sentiu a fúria crescer no peito. Com as tensões altas como estavam, a exibição dela era de mau gosto, mesmo para um rabi que rotineiramente zombava das boas maneiras quanto às mulheres. De um salto ele se levantou:

— Rabi, o que quer dizer isto?

As vozes de alguns dos Doze juntaram-se a seu protesto.

Jesus fechou os olhos de novo e falou com voz cansada:

— Deixai-a! Ela praticou uma boa obra em relação à minha pessoa.

— Mas, Senhor! — Pedro protestou. — Para que este desperdício? Este perfume poderia ter sido vendido por no mínimo trezentos denários!

Alguém mais interveio:

— Pensa em todos os pobres que poderíamos ajudar com tanto dinheiro!

Por alguns longos momentos, pareceu que Jesus não os ouviu. Finalmente, ele murmurou:

— Sempre tereis os pobres convosco. Podeis lhes fazer bem quando quiserdes. Mas a mim não me tereis sempre.

Judas ficou estupefato. "A mim não me tereis sempre?"

— Ela preparou meu corpo para o sepultamento — Jesus continuou. — Nos anos futuros, sempre que a boa-nova for proclamada, — em qualquer lugar do mundo, — o que ela acabou de fazer será celebrado como ato de grande fidelidade.

Virou-se para a mulher e a agradeceu, então se reclinou mais uma vez à mesa e voltou a comer. Depois de trocarem olhares furtivos, Simão e os Doze começaram a beliscar a comida. Devagar a conversa voltou, embora mais tensa que nunca.

Judas, entretanto, nada disse. Descobriu que não conseguia comer com o cheiro enjoativo da morte emanando tão fortemente de Jesus.

Meia-noite de terça-feira

A descida do Monte das Oliveiras à luz da lua foi penosa, mas agora Judas estava diante da porta oriental. Uma moeda a mais para o guarda assegurou que sua mensagem chegasse à casa do sumo sacerdote e ele não teve de esperar muito para ser admitido à cidade. Quando lá entrou, Judas refletiu no sofrimento que ele vira Jerusalém causar a Jesus. As multidões. Os sacerdotes. Os mercadores no templo. "Mas a cidade, já se vê, está envolta em pecado! Por que outro motivo o Messias teria de vir?"

As palavras de Jesus no banquete ecoaram no ouvido de Judas: "Ela preparou meu corpo para o sepultamento".

Judas chegou do lado de fora da casa de Caifás e gritou. Um escravo com os olhos embaçados atendeu e Judas disse:

— Sou Judas, filho de Simão, chamado Iscariotes por Jesus de Nazaré. Dize a teu senhor que trago a solução para seu problema — o escravo resmungou, mas foi para dentro.

Logo Judas ouviu os sons da casa ganhando vida.

Ele quase fugiu para a escuridão, mas o cheiro do nardo parecia estar entranhado nele. O cansaço nos olhos de Jesus o assombrava.

As palavras dele — "A mim não me tereis sempre" — o tinham afugentado para a cidade e agora o seguravam ali. Judas achava que Jesus tinha perdido a fé em si mesmo. "Mas eu não perdi, não posso perder a fé em Jesus."

Antes do fim do jantar, Judas tomou uma decisão: se Jesus não agisse, ele o obrigaria a mostrar suas intenções; se não instituísse o reino do céu na terra, Judas instituiria.

Ele foi recebido em uma sala particular em que se encontravam Caifás e vários outros homens que Judas reconhecera do pátio do Templo, mais cedo naquele dia. Obviamente, interrompeu negócios importantes. Sem esperar que o anunciassem, falou:

— Vim entregar em vossas mãos Jesus de Nazaré, que alguns consideram o Messias.

Alguns dos homens cochicharam entre si, em choque, mas os olhos de Caifás estreitaram-se, examinando aquele estranho:

— E por que devemos acreditar em ti, filho de Simão? És um conhecido seguidor do nazareno — o tom de Caifás demonstrava seu desprezo pelas origens humildes de Jesus.

— Escutai como falo, nobre Caifás — disse Judas. — Cresci perto de Hebron. Meu povo conheceu o domínio dos herodianos e o poder de Roma. É verdade que nos últimos anos tenho seguido Jesus. Vistes com vossos próprios olhos seu poder de operar milagres. Testemunhastes em primeira mão o poder de suas palavras.

Judas observou um dos escribas fechar a cara diante desse gracejo e percebeu que devia avançar com cuidado. E continuou:

— Mas com a aproximação da Páscoa notamos uma mudança em Jesus. Creio que ele aspira a ser o Messias que alguns julgam que ele é. — Judas escondeu sua mentira como o joio entre grãos de verdade: — Sou o único dos Doze que viveu fora da Galileia. Eles são homens simples com ideias simples a respeito do reino do céu. Não entendem como nós, do sul, o poder de Roma, o delicado equilíbrio que precisamos atingir para permanecer fiéis a Deus à sombra de César. Uma revolta messiânica só pode acabar em desastre para nosso povo. Jesus precisa ser detido.

— Tuas palavras são doces, Iscariotes. — Caifás riu com desdém.
— Como sabemos que não é uma cilada? Talvez desejes nos embaraçar, dar credibilidade ao teu Messias — terminou com desdém.

Judas encolheu os ombros.

— Assim, não o deixeis escolher o confronto. Meu senhor não compartilha seus planos conosco, mas temo pelo dia da Páscoa. Que melhor dia para o Messias se revelar? — E então revelou sua cilada: — Precisais detê-lo. Amanhã à noite. Faremos a refeição da Páscoa na cidade. Posso entregá-lo a vós depois, quando estivermos voltando para Betânia. Enviai a guarda do Templo. Podeis pegá-lo fora da cidade, à noite, longe da multidão. Vistes seus seguidores. Não somos nenhum exército; muitos de nós só empunhamos as enferrujadas espadas sem gume de nossos pais. Não somos adversários dignos da guarda do Templo. — Então, Judas sorriu. — A menos que Jesus seja verdadeiramente o Messias, e nesse caso pouco importa se o pegardes amanhã à noite ou esperardes que ele se revele.

Vários sacerdotes cuspiram ou puxaram suas barbas, mas Caifás não disse nada. Ergueu a mão para silenciar os colegas e indagou:

— Por que trairias teu senhor, Iscariotes?

— Vi Jesus fazer muito bem. Ele dá esperança aos pobres. Cura os doentes. Liberta os oprimidos por espíritos impuros. E nos chama a todos para amarmos mais a Deus. Não quero que isso acabe. — E mentiu facilmente, porque não era em absoluto nenhuma mentira: — Amo meu senhor de todo o coração. Desejo salvá-lo dele mesmo.

— Tanta dedicação é admirável — Caifás resmungou. — Deixa-nos, filho de Simão. Em breve terás tua resposta.

Judas seguiu o escravo de volta para o pátio da casa de Caifás, o coração martelando-lhe no peito. Caifás cumpriu a palavra. Um dos escribas veio até Judas, agarrou-lhe o braço e sussurrou-lhe ao ouvido:

— Vem até nós amanhã à noite. Serás generosamente recompensado por teus esforços — terminou e voltou para dentro tão depressa quanto tinha vindo.

Judas mal se lembrava de voltar a Betânia. Muito depois de ter se esgueirado para seu catre, ficou acordado, com a cabeça cheia de visões de glória. "Amanhã à noite os inimigos do Messias vão atacar. Sexta-feira toda Jerusalém verá Jesus exaltado como o ungido de Deus. E quem estará à sua direita? Quem mais senão aquele que não perdeu a fé mesmo quando o próprio Jesus perdeu? Quem mais senão aquele que teve a coragem de seguir a missão de Jesus até o fim?"

Quando Judas finalmente adormeceu, só as palavras do escriba soavam em seus ouvidos: "Serás generosamente recompensado por teus esforços".

12

QUAL É O CHEIRO DA MORTE?

A traição dos fiéis

Como pastor, visito muitos hospitais e clínicas de repouso e todos têm o mesmo cheiro. Eucalipto medicinal penetrante encobre os fracos, mas inconfundíveis odores de nossa mortalidade: urina, fezes, sangue e morte. Andar pelo corredor de um hospital revela como nosso sentido do olfato é forte. Enquanto as fragrâncias de nossa fraqueza humana flutuam em nossas narinas, lembranças invadem-nos a mente.

Talvez você tenha acompanhado uma parente enquanto ela lutava contra uma doença crônica, ou um amigo que acabara de descobrir que só tinha alguns meses de vida. Talvez tenha assistido à quimioterapia devastar o corpo de seu filho. Ou tenha desligado a máquina que o mantinha vivo. Muitas pessoas simplesmente não vão a hospitais porque as lembranças que aqueles cheiros evocam são muito dolorosas (Há uma razão para que velas com esse aroma que lembra hospital não sejam vendidas.) Em última análise, esse é o cheiro da mortalidade, do colapso de nossos corpos.

A morte é o grande igualador. Por mais dinheiro que tenhamos, por mais poderoso que seja nosso exército, por mais seguros que vivamos, no fim, todos morreremos. Esse conhecimento torna muitos de nós temerosos, por isso nossa cultura faz tudo que pode para nos proteger da dor, a precursora de nossa mortalidade.

Pomos nossos idosos e enfermos de quarentena em hospitais e clínicas a fim de que morram fora de nossos olhos e, portanto, de nosso coração.

Compramos carne em pacotes selados que não se parecem nada com os animais de que vêm, consumindo-a alegremente, ignorantes das condições deploráveis e desumanas em que eles foram criados.

Quando se abate a tragédia, clicamos no *emoji* triste no Facebook ou retuitamos uma notícia no Twitter. Criamos uma imagem de perfil temporário, assegurando ao mundo que estamos "REZANDO POR...". Se alguém estabeleceu um número para o assunto, podemos dar dez dólares para o fundo das vítimas do terremoto/tsunami/vendaval/tiroteio. Então, nós nos esquecemos daquilo e vamos cuidar da nossa vida.

Criamos sistemas para nos proteger da dor, da realidade da morte. A religião é um desses sistemas. A frequência à igreja nos Estados Unidos aumentou bastante depois dos ataques de 11 de setembro porque as pessoas ficaram com medo. Sentimo-nos vulneráveis e impotentes, por isso fomos escutar alguém nos dizer que Deus nos ama e está no controle. Dessa forma, não éramos diferentes de Judas e seus contemporâneos, que se agarraram à promessa de um Messias, pois era o que lhes dava esperança para suportar a opressão romana. Nosso desconforto com a morte ajuda-nos a ter empatia com Judas.

Pior. Humano. Sempre.

A Bíblia nos conta muito pouco sobre Judas. Não temos uma narrativa de seu chamado. João nos diz que ele é "filho de Simão Iscariotes" (Jo 6,71). O significado de "Iscariotes" tem sido muito discutido. A teoria mais popular, também corroborada por algumas cópias antigas do Evangelho de João, é que significa "homem de Queriot"[1].

---

1   Queriot é o nome de uma cidade na região mais ao sul da Judeia, cerca de quinze quilômetros ao sul de Hebron, onde Herodes Magno foi enterrado. Queriot não ficava longe da Idumeia, terra natal do pai de Herodes.

Nesse caso, bem parecido com Maria Madalena — cujo nome significa "de Magdala" — e Jesus de Nazaré, Judas era identificado por sua cidade natal ou talvez pela cidade natal do pai[2].

Embora Judas acabasse vivendo na Galileia, seu chamado foi provavelmente parecido com o do resto dos Doze. Ele começou a seguir um novo rabi provocador que operava milagres, irritava os que estavam no poder e ensinava com autoridade a respeito da chegada iminente do reino de Deus. Logo esse rabi escolheu-o para fazer parte do círculo íntimo dos Doze e se tornou cada vez mais óbvio que Jesus se considerava uma espécie de arauto desse novo reino. Finalmente, os Doze entenderam que Jesus acreditava ser ele próprio o verdadeiro Messias — e, para surpresa deles mesmos, eles também acreditaram.

A chamada profissão de fé em Cesareia de Filipe é um momento decisivo no Evangelho de Marcos (Mc 8,27-9,1). Jesus perguntou aos Doze quem era ele no dizer da gente; depois, questionou-lhes diretamente sobre o que pensavam, o que Pedro deixou escapar: Jesus é o Messias. Para aqueles de nós, que lemos o Evangelho de Marcos — com suas palavras iniciais que anunciam o "Começo do Evangelho de Jesus Cristo, Filho de Deus" —, só agora se torna óbvio que, na metade da narrativa, os Doze falam em voz alta. A profissão de Pedro foi um marco. Jesus confirmou que ele era o Messias havia muito esperado de Israel e, para seus seguidores, não existia caminho de volta.

No tempo de Jesus as expectativas messiânicas eram diversas, mas todos que esperavam um Messias procuravam alguma variação do mesmo tema: um governante que seria ainda maior que Davi, o maior rei de Israel[3]. Durante mais de quinhentos anos, o povo de

---

2   Outra ideia, usada por Tosca Lee em seu excelente livro *Iscariot*, é a de que Judas era membro dos sicários, organização de assassinos dedicada a expulsar Roma de Israel. Esta é obviamente a opção mais aterradora, mas muitos estudiosos duvidam de que os sicários estivessem ativos no tempo de Jesus.

3   Nem todos esperavam um Messias. Os saduceus, por exemplo, não acreditavam, em absoluto, em um Messias.

Deus vivera no exílio. Mesmo depois que tiveram permissão para voltar do cativeiro e reconstruir o templo e os muros de Jerusalém, eram um estado vassalo. E, embora alcançassem independência sob os reis-sacerdotes asmoneus, essa dinastia foi dissidente, tumultuada e amargamente breve.

No tempo de Jesus, Israel estava totalmente sob o tacão de Roma. Os reis de Israel sempre foram guerreiros, por isso o povo judeu estava constantemente à procura de um guerreiro poderoso para liderar os exércitos de Deus contra todos os inimigos de Israel. O Messias tomaria de volta o trono de Davi e governaria em paz e com justiça. Na época de Jesus, muitos pretensos Messias haviam levantado exércitos contra Roma e acabaram pendurados em cruzes fora da cidade.

No entanto, Jesus era diferente. Ele operava milagres — não apenas curas e exorcismo, mas também milagres que afetavam a própria natureza. Ele demonstrava total domínio até sobre as forças do mal. E seus ensinamentos eram diferentes de tudo que alguém já ouvira antes. Vezes sem conta ele desafiava os poderosos e reunia os pobres e oprimidos. E, finalmente, seus seguidores entenderam que era o prometido Messias de Israel.

O problema era que a ideia que faziam do Messias era errada. Jesus não veio para conquistar como um guerreiro poderoso. Veio para morrer, dar a vida pelo bem do mundo todo. Marcos usou uma narrativa bizarra para nos advertir a não nos empolgarmos porque os Doze tinham finalmente entendido que Jesus era o Messias.

Imediatamente antes da profissão de Pedro, Marcos nos conta uma história que nem Mateus nem Lucas incluíram em seus Evangelhos (Mc 8,22-26)[4]. Jesus encontrou um cego e ouviu dele súplicas para que fosse curado. Ele então o fez, porém o homem relatou que enxergava, — mas não muito bem: "Vejo homens que parecem árvores caminhando" (v. 24). Jesus curou-o mais uma vez e o homem

---

4   Muitos estudiosos concordam que Marcos foi escrito primeiro, sendo usado por Mateus e Lucas como material de fonte primordial para seus evangelhos. Cerca de 85% do Evangelho de Marcos está reproduzido em Mateus e Lucas.

começou a enxergar perfeitamente. O que aconteceu ali? Jesus não usou bastante força na primeira vez? Ficou distraído? Talvez o homem fosse cego, mas também tivesse astigmatismo, por isso foi preciso ser curado de duas doenças diferentes.

Não, Marcos quis nos advertir. Quando confessou: "És o Cristo", Pedro estava certo, mas nem ele nem o restante dos Doze viam Jesus claramente (Mc 8,29). Eles tinham uma imagem fora de foco do que o Messias viera fazer. Sabemos disso porque, depois da profissão de Pedro, Jesus lhes contou o plano do jogo: ele ia a Jerusalém para morrer e ressuscitar dos mortos.

Pedro, então, chamou Jesus de lado para censurá-lo. Dá para imaginar o sermão: "Jesus, chega dessa conversa de 'vou morrer!'. Sim, as coisas estão tensas, mas tu és o Messias! Deus te prometeu vitória! Tu és nosso rei, nosso guerreiro poderoso. Vamos a Jerusalém e vais esmagar os inimigos de Deus! Todos te estamos apoiando".

Jesus repreendeu Pedro com a famosa frase: "Afasta-te de mim, Satanás!" (v. 33)[5].

Para Marcos, era impossível entender a espécie de Messias que Jesus era, até que o tivesse visto crucificado. É por isso que, em todo o Evangelho marcano, Jesus advertia as pessoas para não contarem a ninguém que ele era o Messias[6]. E é por isso que aos pés da cruz, no momento em que morreu, um soldado romano exclamou: "Verdadeiramente, este homem era Filho de Deus!" (Mc 15,39).

Os Doze viam a identidade messiânica de Jesus, mas não claramente. Precisavam mais que apenas daquela confissão para ver a espécie de Messias que Jesus é. Precisavam de um segundo toque, e eles o teriam na cruz.

Judas, porém, não estava lá por causa do cheiro de Jesus.

---

5 Fato divertido: uma boa tradução do grego é: "Segue-me, Satanás". Então, qual é o antídoto para uma ideia de Jesus? Ficar atrás dele e começar a agir como ele.
6 Os estudiosos chamam isso de "Segredo Messiânico".

O ODOR DA TRAIÇÃO

O momento decisivo para Judas não recebe quase nenhuma atenção da Igreja. Não o encontramos na maioria dos programas da Semana Santa e às vezes ele nem mesmo ganha um cabeçalho grifado em bíblias de estudo (é assim que ficamos sabendo que ele *realmente* não importa). No entanto, mediatamente depois de Jesus ser ungido na casa de Simão, o leproso, Judas foi até os chefes dos sacerdotes para traí-lo. Por que essa unção foi o momento decisivo de Judas?

O nervosismo que os Doze experimentaram durante a Semana Santa é quase inimaginável. Jesus encenou a entrada triunfal para zombar de Pilatos e suas legiões romanas. Para qualquer judeu que estivesse assistindo à cena, os sinais eram claros: Jesus se declarava o Messias para desafiar o poder e a autoridade de Roma.

Em vez de confrontar Roma, porém, Jesus virou-se contra o próprio povo. Purificou o templo e desafiou os chefes dos sacerdotes e escribas, humilhando-os publicamente. Até entre eles, os Doze devem ter achado que Jesus estava agindo estranhamente. Amaldiçoara uma figueira por não dar frutos, embora não fosse tempo de figos; e, quando os camponeses galileus maravilharam-se com a glória do templo de Herodes, a inveja das nações e dos deuses em todo o mundo, anunciara que ele seria destruído — não ficaria pedra sobre pedra (Mc 13,2). Sua descrição do Dia do Senhor — o dia da futura conquista do Messias, prenunciada durante séculos pelos profetas — não era uma visão de vitória, mas de devastação.

Para o povo judeu, o templo era a ponte entre o céu e a terra, o centro religioso e ideológico do universo. Se o trono divino está na sala do trono celestial, o templo era o escabelo divino, onde a presença física de Deus vivia entre o povo de Deus[7]. O templo era a fonte de vida, esperança e segurança do povo judeu. Eles não pode-

---

7   Isaías 66,1, por exemplo, descreve o céu como trono de Javé e a terra como seu escabelo. O Salmo 131, hino que os peregrinos entoavam enquanto seguiam em direção a Jerusalém, incentiva os viajantes: "Corramos onde ele habita, seu escabelo adoremos!" (v. 7).

riam imaginar um messias que governasse sem o templo. Assim, a predição de Jesus pela destruição do templo — apenas alguns dias depois de liderar a marcha vitoriosa para Jerusalém e em meio a tensões perigosas com a elite religiosa — não soava como um admirável mundo novo. Soava como se Jesus estivesse desistindo, como se achasse que sua missão messiânica estava fadada ao fracasso.

E então Simão foi o anfitrião de um banquete para Jesus. Pouco sabemos a respeito de Simão e menos ainda a respeito da mulher misteriosa que ungiu Jesus. Segundo Marcos e Mateus, Simão era leproso. É de se presumir que Jesus o tivesse curado — boa razão para dar uma festa em sua homenagem. A mulher simplesmente apareceu nos limites da festa, e nem mesmo ficamos sabendo seu nome[8].

Sobre a cabeça de Jesus a mulher quebrou um vaso de nardo, cujo custo fez os Doze se indignarem — perto de um ano de salário. No entanto, o nardo que ela usou foi uma unção para o sepultamento, já que perfumes fortes eram usados em rituais fúnebres para encobrir o cheiro da decomposição.

Isso significa que, durante alguns dias depois disso, Jesus perambulou com o cheiro de uma sala de velório. Não admira que os Doze ficassem contrariados. A mulher basicamente derramou gasolina em uma fogueira fumegante. Pior, em vez de censurá-la, Jesus elogiou sua lealdade, mais uma vez admitindo a possibilidade de que logo ia morrer. Para Judas, isso era demais. Imediatamente depois desse acontecimento, Marcos nos diz que Judas decidiu trair Jesus.

Adepto fiel

Não conseguimos imaginar como alguém do círculo íntimo de Jesus poderia traí-lo, por isso pomos a culpa em Judas. Presumimos que

---

8 Lucas mudou a narrativa para o ministério galileu de Jesus. Em sua versão, Simão é um fariseu que desrespeita Jesus e a mulher é "pecadora". João mudou a narrativa para o início da Semana Santa, antes da Entrada Triunfal. Em vez de Simão, Lázaro — que acabara de ser ressuscitado dos mortos — deu o banquete e sua irmã, Maria (de Marta e Maria), foi quem ungiu Jesus.

ele era uma cobra desde o início; ele não era nada além de uma cobra da cabeça aos pés. Ao ignorar o que Marcos nos relata, ficamos sem saber o que levou Judas a fazer o impensável[9].

E se aceitarmos que Judas se considerava um fiel servidor de Jesus? Podemos imaginar que ele estava completamente comprometido com a missão messiânica do Filho de Deus? E se o pecado de Judas não fosse ser uma toupeira ou um lobo entre cordeiros, mas, sim, um idólatra religioso? Como Marcos insinuou, Judas pode ter sido fiel, só que para o messias *errado*.

Os Doze desistiram de tudo a fim de seguir Jesus. Deixaram a família e os meios de vida e abandonaram seu lugar no mundo porque Jesus lhes prometeu um mundo novo, um mundo melhor. Eles acreditaram nele, seguiram-no e acabaram por entender que ele era o Messias havia muito esperado.

Para os Doze, *messias* significava conquista e glória, não vergonha e derrota. Durante a Semana Santa, porém, Judas observou Jesus desmoronar. Nós, que vivemos do outro lado do Gólgota, reconhecemos que, mesmo então, ele suportava o peso de sua iminente crucificação. Para Judas, contudo, parecia que Jesus estava desistindo, perdendo a fé nas promessas divinas. A cena à mesa de Simão confirmou as suspeitas de Judas: Jesus permitiu-se ser ungido para a morte e nos dias seguintes perambulou cheirando como ela. É como aquela cena nos filmes de faroeste em que o agente funerário começa a medir o herói para o caixão um dia antes do grande tiroteio, ao meio-dia. O herói, porém, estava ajudando a escolher o caixão. Jesus aceitara sua morte, Judas não conseguia aceitá-la.

Se Judas acreditava que Jesus era o prometido Messias de Deus e que estava perdendo a fé em si mesmo, ele só tinha uma opção.

---

9 Lucas e João mudam esta narrativa de seu lugar na Semana Santa e, por isso, também atribuem a Judas motivações que não encontramos em Marcos e Mateus. Lucas nos diz que Satanás entrou em Judas, enquanto João alega que Judas era um escroque que roubava o dinheiro da bolsa comum dos Doze. Judas pode ter tirado algum dinheiro e isso é sem dúvida errado, mas um pecado não subentende nem torna inevitável o outro. Judas poderia ter sido ladrão, e não traidor.

Judas assumiu o controle da situação. Traiu seu mestre e seu messias para os poderosos, confiante de que Deus não falharia, de que na hora da prisão de Jesus os céus se abririam e os exércitos do céu atacariam para destruir os inimigos do Messias.

Só que não foi isso que aconteceu. Jesus não era esse tipo de messias nem naquele tempo nem agora. A imagem que dele fazia Judas não tinha espaço para sofrimento — só para triunfo. Judas não imaginava um messias perdedor; seu messias só poderia ser vencedor. Judas dedicou-se à causa errada e seu legado é infâmia eterna.

SOU UM PERDEDOR, QUERIDO. ENTÃO, POR QUE VOCÊ NÃO ME MATA?

A história de Judas devia nos dar a todos uma pausa, em especial quando nossa imagem de Deus é triunfalista como a dele. Esse Deus que vence não se chama Baal nem Marduque ou Ganesha. Chamamos esse Deus "Jesus". Alegamos ser ele o deus de quem as Escrituras dão testemunho. Isso, apesar da declaração de Jesus no Evangelho de João que Deus será mais plenamente glorificado quando o Filho for erguido na cruz[10].

Os cristãos adoram pensar na segunda vinda para confirmar nossa narrativa triunfalista de Deus. Quando refletiu no aparecimento de Jesus na batalha de Armagedon em Apocalipse 19, o pastor de uma megaigreja popular foi efusivo: "Jesus é um pugilista com uma tatuagem na perna, uma espada na mão e o compromisso de fazer alguém derramar sangue. Esse é um sujeito que posso adorar [..] não posso adorar um sujeito que posso surrar"[11].

Nessa linha de pensamento, a cruz é um empecilho, um contratempo infeliz no caráter divino sob outros aspectos hipermasculino.

---

10 Leia a conversa de Jesus com Nicodemos em João 3. Nicodemos esforçou-se tanto quanto Judas, mas no fim ele estava ao pé da cruz e deu a seu rei um sepultamento régio.
11 DRISCOLL, MARK, em 7 Big Questions, Relevant, jan./fev. 2007. Disponível em: <http://web.archive.org/web/20071013>. Acesso em: 16 nov. 2021.

Um deus que morre só deve permitir isso, porque *no fim*, ele vai receber o que é dele[12]. Muitos não conseguem imaginar cultuar um deus que perde. Esse tem sido o caso desde o princípio. É por isso que Paulo teve de declarar à igreja de Roma: "Eu não me envergonho do Evangelho" (Rm 1,16). No entanto, estamos distantes de Paulo e o cristianismo tornou-se a principal lente através da qual a cultura ocidental vê o mundo. As cruzes viraram decorações e joias e tatuagens[13]. Não achamos estranho ter orgulho da cruz — mas isso é porque a cruz já não é um instrumento de execução usado por um império hostil[14].

Ocasionalmente, porém, o cheiro da morte abre caminho em nossas igrejas cuidadosamente refrigeradas. Em 4 de julho de 2016, o proeminente rapper cristão Lecrae tuitou a imagem de um grupo de escravos negros em um algodoal. A legenda dizia: "Minha família em 4 de julho de 1776"[15]. Imediatamente um fã respondeu: "Parei de apoiá-lo, irmão. Ultimamente você transforma tudo em questão racial, em vez de questão evangélica. Você promove a culpa em vez do amor"[16]. Sua resposta foi só a primeira de muitas reações seme-

---

12 O que esse pastor e muitos outros lendo Apocalipse 19 não entendem é que o manto de Jesus é salpicado de sangue *antes* do início da batalha (v. 13). No Apocalipse, Jesus é o sempre imolado Cordeiro, o Deus cuja própria natureza é revelada de maneira perfeitíssima não como um feroz leão, que ruge, mas como um cordeiro que voluntariamente se oferece para morrer por nós. Ele não é um guerreiro com "o compromisso de fazer alguém derramar sangue", mas um guerreiro cuja espada é sua muito criativa Palavra, cuja única arma é a própria verdade — uma verdade plenamente expressada na cruz onde ele morreu.
13 Eu tenho a tatuagem de uma cruz, então não estou zombando de quem as tem.
14 Na verdade, não é fácil achar em nossa cultura uma analogia para a vergonha que a cruz significava ao mundo do século I. Veja CONE, JAMES *The Cross and the Lynching Tree*, em que o autor observa que a mais próxima pode ser o nó corrediço da plebe linchadora.
15 LECRAE, postado no Twitter em 4 jul. 2016, às 12h05. Disponível em: <https://twitter.com/lecrae/status/750012773212401665/>. Acesso em: 16 nov. 2021.
16 STEVE, postado no Twitter em 4 jul. 2016, às 12h55. Disponível em: <https://twitter.com/Hevi_On_Honkers/status/750025267117076480>. Acesso em: 16 nov. 2021.

lhantes de cristãos brancos que se zangaram porque ele ousou sugerir uma ligação entre a raça e a boa-nova de Jesus.

Os cristãos brancos quase sempre reagem com hostilidade à introdução de raça em conversas religiosas. Sentimo-nos ameaçados porque nossa posição tem sido a de privilégio e poder cultural e consideramos a justiça racial uma perda para a cultura branca. E nossa fé triunfalista não nos ensinou a estar preparados para a perda. Nosso Salvador disfarçado nos convida a deixá-lo morrer *por* nós para que possamos omitir a cruz e ir diretamente para a ressurreição.

O Jesus que nos manda amar o próximo como nós mesmos deve se importar com desigualdades raciais além de como elas — herdadas da escravidão institucionalizada e de Jim Crow — moldam outras instituições como a justiça criminal, a educação, o acesso a comida saudável e até igrejas. Ensinamos nossos filhos a cantar: "Vermelho e amarelo, negro e branco, todos são preciosos a seus olhos"[17]. Assim, quando confrontados com a realidade de que nem todos são preciosos aos olhos de nossa cultura, não podemos declarar que a raça não é alguma coisa com que Deus se importe.

A raça é uma questão difícil, delicada, que causa divisão. No entanto, não podemos ignorar que a manhã de domingo continua a ser a hora mais segregada da semana. Os cristãos brancos como eu não podem virar as costas para nossos irmãos e irmãs de cor por causa de uma religião privatizada, individualista. Nós, triunfalistas, queremos fingir que nossas igrejas caíram do céu há vinte anos.

É doloroso reconhecer que nossa cultura foi construída sobre o alicerce do imperialismo, da escravidão e do genocídio. Os corpos dos oprimidos jazem apodrecendo, e voltamo-nos para a religião para fazer ir embora o cheiro da morte quando ele começa a flutuar em nossa vida. Se uma pessoa de cor insiste que sua vida importa em uma cultura que age de outra maneira, nós nos reunimos em nos-

---

17 Alusão à letra da música muito popular intitulada "Jesus Loves the Little Children". (N. da R.)

sos espaços de culto segregados para nos lembrar de que Deus nos ama — e, desde que falemos de Jesus, não temos de falar de nada que acontece no mundo.

A questão racial é apenas uma área em que nossas igrejas se sentem desconfortáveis. Poderíamos falar de desigualdade de gênero. Ou das compras religiosas consumistas que nossas atividades conflitantes incentivam. Ou de nosso desconforto com práticas espirituais básicas, como a caridade e o serviço. Fizemos a igreja acessível para não ofender, para que nosso rebanho não busque pastagens mais verdes e descubra que o pastor do outro lado tem um espetáculo melhor, mais leve e com piadas mais engraçadas.

Nós nos desviamos de Judas? Como Judas, em nossa imagem de Deus não temos lugar para a morte, para a perda, para a fraqueza. Comprometemo-nos com nossa imagem de Deus não porque essa imagem seja verdadeira, mas porque nosso Deus nos diz que somos bons e morais. Esse Deus não exige que mudemos, que consideremos a possibilidade de estarmos errados; não nos pede para pegarmos nossa cruz e segui-lo em qualquer lugar. Ele nos chama de vencedores e nos assegura que lutará por nós e derrotará todos os inimigos.

A prática leva à perfeição

O que devemos fazer? Como podemos ter certeza de que não criamos um falso deus? Marcos deu-nos o antídoto. Como os Doze, precisamos seguir Jesus até a cruz. Em vez de fugir do cheiro da morte, precisamos aceitá-lo. A morte assume muitas formas, mas entre as dolorosas está a morte de nossa certeza[18].

---

18 Veja Enns, Peter, *The Sin of Certainty*, New York, HarperCollins, 2016. Ele escreve: "Quando agarramos desesperadamente o modo de pensar 'correto', quando nos recusamos a mudar de ideia porque achamos que fazer isso significa parar de pensar em Deus, quando fincamos o pé e ficamos firmemente plantados mesmo quando percebemos que precisamos mudar de ideia e seguir em frente, a essa altura estamos confiando em nossos pensamentos em

O deus triunfalista ama a certeza — a convicção de que estamos simples, total e incontestavelmente certos. Quando alguém nos desafia, apressamo-nos a defender nossa posição, a consolidar seguidores, a disfarçar o desconforto e a lembrar a nós mesmos que estamos corretos e Deus ainda está do nosso lado.

Nós nos especializamos em nos proteger da possibilidade de fraqueza, da fragrância da morte flutuar em nossa vida. No entanto, se vamos seguir Jesus até a cruz — em vez de correr para as colinas como fizeram os Doze, ou tentar fazer o trabalho de Deus por ele, como fez Judas —, precisamos aceitar a dor da morte. Precisamos estar preparados para recebê-la como caminho para a vida.

Imagine se Judas tivesse menos certeza de estar correto a respeito de Jesus. Imagine se sua fé tivesse lugar para a dúvida. Imagine se ele estivesse naquela praia quando Jesus perguntou três vezes a Pedro se ele o amava, provocando três confissões para harmonizarem-se com suas três negativas (Jo 21,15-19). Como Jesus teria se reconciliado com Judas? Com um beijo? Um abraço? Se ao menos Judas tivesse experimentado o perdão e o amor que os outros Doze experimentaram. Então, ele não seria o maior dos vilões. Seria o santo padroeiro de todos os que estavam comprometidos demais com a imagem errada de Deus até que a morte de Jesus os libertou.

As igrejas primitivas tinham de lidar com muitas das mesmas questões que nós. Eram racialmente misturados. Atuavam em uma cultura que não compartilhava de seus valores. E vemos no Novo Testamento como eles envolviam-se nessas questões (confira, por exemplo, At 15,1-35; Rm 14,7-13; 1Cor 12–13). Rezavam juntos. Escutavam uns aos outros. Comprometiam-se com a união acima de tudo e respeitavam, como valiosos membros do mesmo corpo, aqueles com os quais tinham diferenças.

---

vez de em Deus. Afastamo-nos do convite divino para confiar a fim de nos apegarmos a um ídolo. A necessidade de certeza é pecado porque ela liberta do medo e limita Deus a nossas imagens mentais. E Deus não gosta de ficar espremido" (19).

Luto contra o triunfalismo e a certeza; ninguém jamais me acusou de sucumbir à insegurança. Gosto de dizer (geralmente com um sorriso afetado): "Penso que estou certo sobre tudo, mas sei que não estou". Há muito, me comprometi a escutar mais do que falar e a trabalhar arduamente para entender alguém que discorde de mim. Isso significa que passo bastante tempo fazendo perguntas e guardando minhas opiniões para mim mesmo. Cada vez que decido ficar de boca fechada, morro uma pequena morte para minha certeza, para meu triunfalismo idólatra.

Toda vez que me pego coçando a cabeça e imaginando: "Como podem pensar *isso*?", volto-me para a mídia social. Acho quatro ou cinco pessoas zelosas que mantêm *aquela* posição e sigo-as. Dedico-me a escutar, principalmente quando o que dizem deixa-me constrangido. Coloco-me no lugar de aluno. Faço perguntas e não passo sermão.

Muitas vezes ainda discordo das pessoas ou da posição, mas sempre encontro um nível mais profundo de respeito e — especialmente entre as pessoas de minha congregação — um sentimento mais íntimo de comunidade. Amamos uns aos outros *não apesar de* nossas diferenças, mas *por causa* delas. Renunciar a minha certeza não me magoa. Render-me à morte de minhas convicções me dá mais autoridade pastoral, uma fé mais forte e um melhor entendimento do Deus que morreu por nós e nos chama também para morrer.

Quem vamos ser: Judas, que fugiu do cheiro da morte para os braços dos inimigos de Jesus, ou a mulher fiel sem nome, que viu Jesus claramente, que sabia exatamente que tipo de Deus ele era e que desempenhou seu pequeno papel na missão dele?

Ao morrermos mil pequenas mortes, seguimos Jesus até a cruz. Nossa vida se torna, nas palavras paulinas, a fragrância da morte para o mundo que nos cerca:

> Sejam dadas graças a Deus! Ele sempre nos faz vencer em Cristo, manifestando através de nós, por toda a parte, o bom perfume de seu conhecimento. Porque somos para Deus o bom perfume de Cristo, para os que se salvam e

para os que se perdem. Portanto somos para uns como um perfume mortal, que leva à morte, somos para outros um perfume de vida, que leva à vida. E quem está à altura de uma missão como essa? (2Cor 2,14-16)

Deus é o iconoclasta por excelência, sempre irrompendo por falsas imagens de Deus que construímos. Jesus é o Deus que está além de todos os nossos quadros, o Deus que não é constrangido por nossas imagens falsas[19]. Em vez disso, quando nos rendemos a esse Deus, quando seguimos Jesus até a cruz, nós nos tornamos uma fragrância de vida.

---

19 Leia um exame hilariante, estimulante e compreensivo em MIKALATOS, MATT, *My imaginary Jesus.*

Intervalo

O MONSTRO NO FIM DESTE LIVRO

Estamos quase no fim do livro e só nos resta um vilão: Satanás, também chamado diabo. Sob certos aspectos, Satanás é especial. É o único vilão não humano e tem acesso especial a Deus. Contudo, em aspectos importantes, Satanás é igual aos outros vilões que encontramos. Foi criado bom, então aconteceu alguma coisa que o fez voltar-se contra Deus.

Os estudiosos sabem há muito tempo que a narrativa mais popular da queda de Satanás — que ele é Lúcifer, que se rebelou antes da criação — não é um bom relato daquilo que as Escrituras realmente dizem dele (mais sobre isso daqui a algumas páginas.)

Infelizmente, a Bíblia não é clara sobre o que aconteceu exatamente — o que até certo ponto deveríamos esperar, já que estamos usando palavras e ideias humanas para expressar atividade no reino celestial. Dito isso, o que se segue é minha tentativa de perguntar como Satanás se tornou o diabo. Basicamente, a resposta a essa pergunta é incompreensível. Se Deus achasse que isso era importante, as Escrituras seriam mais claras a respeito.

Como fizemos com todas as pessoas das narrativas até aqui, vamos praticar empatia — não pensando nelas, mas em nós. Se acharmos alguma empatia até com o diabo, talvez possamos estender a mão para a plateia e realizar o difícil trabalho de sentir empatia com o outro lado. Afinal de contas, eles não são o diabo — são apenas seres humanos!

Assim, sem mais delongas, vire a página comigo e vamos encontrar o monstro no fim do livro, o diabo que foi outrora Satanás, o Acusador.

13

SATANÁS

Depois da tentação

O Acusador aterrissou do lado de fora da sala do trono, suas legiões a reboque. Ele dobrou as asas e correu pelo meio das colunas douradas. Não queria agravar seu fracasso chegando tarde para a Audiência.

Ouviu dizerem:

— Salve, Acusador!

Virou-se e viu o Curandeiro vindo apressado em sua direção pelo grande pórtico. Suspirou e transpôs a arcada dourada e o Curandeiro abraçou-o calorosamente.

— Estás atrasado, Acusador! É porque falaste com ele, certo? Como ele é?

Mão vigorosa apertou o ombro do Acusador e a voz da Força ressoou:

— Sim, conta-nos, Acusador. Não alardeies teu *status* diante de nós. De qualquer forma, já estamos com bastante inveja.

Como de costume, parecia faltar pouco para a Força dar uma boa risada.

— *Status*? Passei dias andando pela terra. Tomaste vinho, Força? — o Acusador perguntou.

Agora a Força de fato riu, imoderada e alegre, embora o gracejo do Acusador não fosse muito engraçado.

— Vinho, realmente! Os seres humanos não são todos maus. São, meus amigos? — Ele parou. — Mas vamos, Acusador. Só tu falaste com o Nome, desde que ele se fez carne. Na verdade, és o filho preferido do Nome, embora sejas criado, não gerado.

A Força riu com a mesma sinceridade de antes, desta vez do próprio chiste.

— Duvido muito que meu relatório agrade ao Nome hoje, Força.

— Tu o tentaste? — O Curandeiro fez uma careta. — Aconteceu alguma coisa? Como ele é em pessoa? Ele está muito diferente do que era antes?

— Não, ele não está diferente. — O Acusador expressou desagrado. — Quero dizer, está diferente... é claro que está diferente, mas... — O Acusador esforçou-se para encontrar as palavras: — Ele é o Nome.

— Está na hora.

Antes que o Acusador pudesse continuar, o Incomparável passou por ele a caminho da sala do trono. Os três trocaram um olhar torto, mas não disseram nada. Entraram em forma atrás do Incomparável, seguidos por suas legiões em fileiras compactas, as asas dobradas.

Quando entraram na sala do trono, um êxtase familiar aquietou a preocupação do Acusador. Não importava quantas vezes ele fosse à presença do Nome, não importava quantos milênios desde seu primeiro relatório, toda vez que comparecia à sala do trono, ele sentia como se cada átomo de seu ser cantasse em perfeita harmonia com a totalidade da criação.

Os Favorecidos voavam ao redor do trono, cantando como sempre, suas grandes formas animais mudando constantemente — ora um leão, ora uma águia, ora um ser humano. Abaixo deles, os Flamejantes entoavam um acompanhamento profundo e forte. No entanto, a luz de seu fulgor empalidecia em comparação com as vibrações de luz que emanavam do trono com as cores do arco-íris. O trono propriamente dito vibrava com relâmpagos, e ondas de choque de trovão agitavam-se pelo ar, em harmonia retumbante com o cântico dos atendentes angelicais do Nome. Quando se aproximou, o Acusador ajoelhou-se e baixou reverentemente o olhar para o piso, um lindo mosaico de ouro e cristal.

O Nome bradou, iniciando o ritual antigo:
— Salve, Acusador! Donde vens tu?

O Acusador percebeu a alegria na saudação do Nome e sua preocupação diminuiu mais. Ele respondeu como sempre:
— De dar voltas pela terra e de percorrê-la toda.
— Levanta-te, Acusador — o Nome gritou.

O Acusador obedeceu e de repente estava aos pés do trono, exatamente no lugar do Nome. Uma recepção cordial irradiava palpavelmente do Nome, um banho morno eliminando a poeira da terra dos pensamentos do Acusador.

Esse era o momento sempre aguardado pelo Acusador — aquela sensação de vir para casa, de ser lavado, a mácula de humanidade sendo eliminada. Por mais longe que ele viajasse, por mais torpes as ações que ele testemunhasse, voltar e ajoelhar-se diante do Nome o fazia sentir-se renovado.

O Nome sussurrou-lhe em tons reservados para conspiradores secretos, para irmãos e intrigantes.
— Fizeste bem, Acusador. Hoje tu te superaste.
— Fui derrotado. Eu te decepcionei.

Ele sabia que seu fracasso agradava ao Nome. "Os fiéis são seus favoritos — não porque fazem o que ele diz, embora isso seja bom", o Acusador pensou. "O Nome regozija-se com os seres humanos que possuem a força de caráter para resistir a seus desejos mais ignóbeis. O Nome adora a disputa, a vitória conquistada a duras penas. Talvez ele as adore por serem tão raras."

— Não conseguimos discernir sua imperfeição — ele acrescentou. — Os testes que preparei não eram adequados. Da próxima vez, não vou fracassar.

O Nome deu um largo sorriso e sua voz transbordava de contentamento:
— Acusador, teus testes nunca foram formulados tão perfeitamente harmonizados com o desejo humano. Não foi tua culpa se não erramos.

— Pensei que eu o tinha. Eu tinha certeza de que naquele monte elevado, quando percebeu com que facilidade poderia possuir o mundo, ele cairia. O poder corrompe todos, principalmente os que nasceram para serem reis.

Uma antiga tristeza diminuiu o sorriso do Nome, embora só por um momento.

— Estás quase certo, Acusador. O poder é o que mais corrompe. É um fruto muito delicioso. Mas sabemos o preço do poder imerecido. Ainda assim, agiste bem, meu servo fiel.

— Eu mesmo assumi a responsabilidade de testá-lo — o olhar do Acusador exprimiu desagrado — e não discerni sua imperfeição. Nem Jó passou em todos os testes. Vou pensar nisso e tentar de novo. Jesus é humano. Tem de fracassar.

— Não — a voz do Nome era severa, entremeada de alegria e orgulho —, ele é humano. Ser humano não é fracassar, mas elevar-se. É verdade, os filhos de Adão erraram. Mas ele é o novo Adão. Seus filhos e filhas serão o que sempre deveriam ter sido. Provaste que ele está pronto para o que está para acontecer. Agora ele deve começar. Observa, Acusador. Observa e te espantes.

— Agora, e quanto ao resto?

Como sempre, o Acusador começou o relatório pelo sumo sacerdote de Israel:

— Caifás está reprovado por seu orgulho, ganância e servilismo. Ele lambe o pó das botas de Roma, enche seus depósitos e depois cospe no povo, jurando o tempo todo que é para o bem deles. Por falar em Roma, Pôncio Pilatos está reprovado por suas maquinações e intrigas. Todas as pessoas são peças que ele move no tabuleiro de sua ambição. Ele só ama a esposa.

Ao ouvir isso, o Nome deu um cálido sorriso e disse:

— Ah, Acusador, seu amor por ela não é uma beleza? Eu gostaria que ele se transformasse em um fogo que consumisse suas ambições.

O olhar do acusador exprimiu um desagrado ainda maior, mas ele concordou:

— Naturalmente, uma beleza.

Continuou o relatório, cada nome, o de um filho de Adão ou uma filha de Eva. Cada nome uma condenação cuidadosamente justificada dos pecados deles, preparada por suas legiões. De vez em quando, o Nome interrompia e fazia um comentário sobre esta ou aquela pessoa, cada comentário uma esperança ansiosa. Por mais que esses seres humanos fossem vis e maus, parecia que o Nome só via nelas o bem.

Quando o Acusador terminou, o Nome lhe agradeceu:

— Teu trabalho é essencial Acusador. Vá em paz.

Com isso, a audiência acabou e o Acusador viu-se ajoelhando de novo, animado com a luz da aprovação do Nome.

O Nome proclamou em voz alta às legiões reunidas:

— Eis o Acusador, meu fiel servo. Estou muito contente com ele.

O Nome exclamou:

— Salve, Força. Donde vens tu?

O Acusador, porém, mal ouviu isso, pois seus pensamentos já se voltavam para Jesus.

Enquanto os outros arcanjos apresentavam seus relatórios e recebiam suas bênçãos, as palavras do Nome ecoavam na mente do Acusador: "Ele é o novo Adão". *Qual é o jogo do Nome agora?*

Depois da ressurreição de Lázaro

Quando chegou, o Acusador encontrou o Curandeiro e a Força já conversando alvoroçados. Ao notarem o Acusador, correram até ele. O Curandeiro falou primeiro:

— Quatro dias Lázaro ficou na sepultura, Acusador! Quatro dias antes que o Nome o ressuscitasse! Nunca vi uma coisa assim. Nem o filho da viúva ficou três dias morto antes que Elias o ressuscitasse.

A Força também resmungou sua admiração:

— Contemplar Jesus é realmente assombroso. Os espíritos impuros fogem diante dele, embora ele não empunhe uma espada. E ele instrui o mar como fez no Egito. — Na verdade, como quando estendeu o firmamento e moldou as terras.

— Sim, Jesus é... formidável. — O Acusador fechou a cara para eles. — Mas não é precavido. Seus inimigos estão cansados de ver a própria hipocrisia exposta diante dos colegas. Começam a conspirar. Ele se esquece de que a carne é mais vulnerável que a divindade.

— Que necessidade o Nome tem de precaução? — A Força riu e fez um gesto atrás deles. — Ele não pode convocar todas as minhas legiões com uma palavra?

O Incomparável transpôs as portas, as asas pousadas nos ombros como um manto resplandecente. Caminhou a passos largos e o Curandeiro revirou os olhos jocosamente, dizendo:

— O Pai chegou; acabou a hora do recreio, meus irmãos.

Os arcanjos entraram em forma atrás do Incomparável e entraram novamente na sala do trono. O Acusador ajoelhou-se e foi chamado:

— Salve, Acusador! Donde vens tu?

— De dar voltas pela terra e de percorrê-la toda.

— Levanta-te, Acusador — o Nome gritou.

O Acusador obedeceu e de repente estava no meio do trono.

— Tens vigiado, Acusador? Dize-me o que vês.

O Acusador fez um relatório muito parecido com o que fizera a seus compatriotas. A todo lugar que Jesus ia, o sucesso o acompanhava. Seguir seu caminho era seguir rachaduras no mundo pelos quais o reino do Nome vazava.

— Mas agora ele se aproxima de Jerusalém. Seus inimigos são muitos e poderosos. Logo seu ódio por ele suplantará o ódio que sentem uns pelos outros.

— Sim, todos os poderes concentram o olhar nele. É um fardo pesado para carregar, Acusador.

— Ele pode... Podes triunfar? Teus Doze são generais desprezíveis.

O Nome deu uma risada tão sincera quanto as da Força.

— Acusador, sempre dizes a verdade rudemente. Desprezíveis, estás dizendo?

O Acusador fechou a cara para o júbilo do Nome.

— Nenhum deles é particularmente inteligente. Nem carismático... decerto não quando comparados ao próprio Jesus. São profundamente imperfeitos. Simão está reprovado pelo orgulho. Seu irmão André está reprovado pela covardia. Com demasiada frequência ele não levanta a voz em face da injustiça... não é surpresa, tendo um irmão como Simão. Os outros dois irmãos estão reprovados por sua ira. Seu temperamento é tão seco e pronto para pegar fogo como gravetos. Natanael está reprovado pela incredulidade. Recusa-se a ver o bem, mesmo quando ele o olha na cara.

— Fazes tão pouco caso deles todos, Acusador?

— Quanto tempo levaram para perceber que ele é o Messias? E então só porque Jesus perguntou-lhes diretamente: "E vós, quem dizeis que eu sou?". E agora, como galinhas disputando sementes, eles batem boca para saber quem vai estar a sua direita e esquerda. Mas eles não estão preparados para Jerusalém. Vêm de um vilarejo, não estão preparados para os buracos que as víboras da cidade frequentam. Só Judas tem alguma astúcia política e ele é devoto demais para aproveitá-la. — O Acusador baixou o olhar. — Minhas desculpas. Sei que tu os amas.

O Nome não o castigou.

— Eu realmente os amo, Acusador. E não estás enganado sobre eles. Mas talvez estejas cego para o bem que há neles. Eles também ainda não veem. Mas logo vão ver. Logo tudo vai mudar.

— Sei que o reino está vindo. Mas não vejo como teus Doze podem alcançá-lo. São fracos e divididos. Teu templo não requer pilares justos? A casa que Jesus constrói só precisa da mais leve brisa para vir abaixo.

— Mais do que nunca, agora preciso de ti, Acusador. Não me decepciones. Não te esquives de aplicar teus testes, não importa o custo.

— Nunca. — O Acusador endireitou as costas e sacudiu as asas. — Sou teu.

— Eu sei, meu filho. Agora termina tuas acusações.

Depois da crucificação

O Acusador cambaleou pelo pórtico do lado de fora da sala do trono. Não esperou suas legiões se reunirem. Não viu se seus compatriotas tinham chegado. Não prestou atenção aos Favorecidos que andavam em pequenos círculos a esmo, nem notou que a única luz vinha dos Flamejantes. Os Flamejantes não estavam cantando e o vácuo de suas vozes engoliu a última das esperanças do Acusador.

O Acusador só percebeu que as grandes portas que davam para a sala do trono encontravam-se fechadas. O Incomparável estava às portas, sentinela de rosto inexpressivo, com os braços cruzados no peito. O Acusador não sabia que as grandes portas podiam ser fechadas; isso nunca acontecera na longa eternidade de sua existência. O Acusador meio que correu, meio que voou até as portas, só para ser barrado pelo braço forte do Incomparável.

— A sala do trono está fechada, Acusador.
— Eu tenho de vê-lo, Incomparável. Saia do caminho.
— A sala do trono está fechada.
— Por que as portas estão fechadas? — ele gritou. — Onde está o Nome? O que significa isto?
— A sala do trono...

Antes que o Incomparável acabasse de falar, a Força colidiu com o pórtico, um relâmpago que se fez carne. Suas legiões o seguiam como uma torrente de luz.

— Acusador! — ele trovejou. — O que fizeste? — Sua voz não demonstrava nenhuma alegria, nenhum júbilo, nenhum sinal de riso. Apenas raiva.

Em um instante ele estava diante deles, agarrando as vestes do Acusador. Sem nenhum esforço, ele jogou o Acusador contra as portas da sala do trono:

— Como você pôde?

O Acusador não conseguia falar. Ele testemunhara a grande fúria da Força — todos testemunharam —, mas nunca tinha sido a vítima e era na verdade uma coisa temível. Enquanto o Acusador se esforçava para organizar as ideias, a mão maciça do Incomparável caiu no ombro da Força.

— Perdeste a cabeça, Força — disse o Incomparável. — Não vai haver nenhuma violência neste lugar. Não entre nossos irmãos.

A Força ergueu os olhos enfurecidos para a fisionomia passiva do Incomparável.

— Não ouviste, incomparável? Jesus está morto. Morto. Foi este aqui — a Força cuspiu no Acusador — que organizou sua morte, que uniu os inimigos de Jesus contra ele. Ele induziu um dos Doze a trair Jesus e fugir de seu julgamento, em vez de dar testemunho. Assegurou que Pilatos ignorasse a visão de sua esposa. Persuadiu o povo de Jerusalém a pedir sua morte. Em cada ocasião, foi este flagelo que induziu, tramou e conspirou, de modo que neste momento estão preparando Jesus para o sepultamento.

— Dize-me, Acusador, Traidor de teu criador, assassino de Deus... por que não devo desembainhar minha espada agora e lançar-te no abismo para habitares com os espíritos impuros?

O Acusador gaguejou, com a mente ainda abalada:

— Eu... eu só fiz... O Nome ordenou... Fiz como me instruíram.

O Incomparável resmungou que concordava:

— Nós todos ouvimos isso, Força. O Nome disse-lhe para testar os Doze, testar os líderes e o povo de Jerusalém, para testar Pilatos. O Acusador fez o que seu criador ordenou. E tu?

Com isso, a Força cedeu, soltou o Acusador e caiu de joelhos. Começou a rasgar as vestes, pesaroso.

— Todos os anjos de minhas legiões estavam de prontidão. Tais hostes não foram reunidas desde que cantamos seu nascimento. Rezei com ele no Getsêmani. Aplaudi quando Simão atacou os guardas. Segui-o ao julgamento. Quando começaram a açoitá-lo, assisti e esperei suas ordens. Quando o fizeram desfilar pelas ruas, acompanhei cada passo seu, implorando-lhe que nos chamasse. Quando o pregaram na cruz, quando o ergueram, eu e minhas legiões esperamos.

— Eu o vi morrer, o tempo todo esperando que ele nos chamasse.

— A Força chorava abertamente.

Sua tristeza ecoou pelas legiões reunidas, onde todos começaram a rasgar as vestes e lamentar-se com ele. A tristeza deles tocou até os Favorecidos e os Flamejantes, que finalmente também ergueram suas vozes.

A condenação da Força ressoou nos ouvidos do Acusador: "Traidor de teu criador, assassino de Deus". Ele se viu berrando mais que a zoeira da lamentação:

— Eu lhe disse. Avisei ao Nome que os seres humanos não mereciam confiança.

Alguém tentou silenciá-lo, mas ele voltou-se contra seus pares:

— Não. Escutai-me. Não vou assumir este fardo.

— Não tendes que andar entre eles. Não conheceis sua maldade. Sempre que os condeno, o Nome arranja desculpas para eles... insiste que eu não percebo a bondade neles. Mas não resta nenhuma bondade neles. O pecado corrompeu-os completamente. Eles merecem ser julgados. Eles merecem ser condenados.

— O Nome recusou-se a me dar atenção. Em vez disso, tornou-se um deles e insistiu que eu os testasse. Então, eu os testei. Cochichei em seus ouvidos, manipulei seus desejos, tirei proveito de seu medo. Até quando ameaçaram o próprio Jesus, fiz isso porque... ao contrário deles... serei o que foi criado para ser. Serei fiel ao Nome.

— Ousas chamar-me assassino de Deus, Força? Tu, que ficaste de lado, com a espada na bainha, enquanto ele morria! Se sou culpado, tu também és.

— Mas não somos os assassinos de Deus. São eles... seus amados seres humanos. Achas que meus testes eram difíceis? Asseguro-te que não eram. Achas que tive de sussurrar muito para Caifás antes de ele decidir que uma vida valia a segurança a segurança de povo? Ou para Pilatos que ninguém deixaria de perceber mais um simulacro de rei? Estão, todos tão cheios de maldade, que praticamente não precisam de minha ajuda para encontrar o pecado. Eles correm atrás dele.

— Seria muito melhor se o Nome nunca tivesse modelado Adão do barro! Seria muito melhor se Noé jamais construísse a arca e a humanidade desaparecesse da terra! Aqueles a quem ele demonstra infinita misericórdia são os assassinos de Deus. Aqueles que infringem suas alianças repetidas vezes são os traidores de seu criador.

O pórtico silenciou diante de sua raiva. O Acusador abriu as asas:

— Poupa tuas condenações. Sou um bom filho, um servidor fiel.

Dizendo isso, o Acusador voou do pórtico. Não pensou aonde iria, só naquilo de que fugia.

Depois da ascensão

O Acusador aterrissou com dificuldade no pórtico e suas legiões desceram bem atrás dele, que passou altivamente pelo Curandeiro e a Força, ignorando seus gritos de saudação. As portas estavam escancaradas de novo. Então era verdade.

Os Favorecidos voavam mais uma vez ao redor do trono, cantado em contraponto aos Flamejantes abaixo. O arco-íris que rodeava o trono luzia mais forte que nunca e o relâmpago e o trovão estrondeavam e retumbavam. A chama do Espírito saltitava ao redor do trono, entre as hostes cantantes. O Nome estava lá sentado. Jesus também se encontrava lá, de novo, mas não como antes. O Acusador reconheceu seu corpo humano e mesmo dali pôde ver as chagas de sua crucificação marcando-lhe as mãos. Cicatrizes de espinhos marcavam o halo em sua cabeça.

O Acusador marchou em direção ao trono, tão absorto em seu propósito que não percebeu as legiões e mais legiões; não ouviu o cântico delas. O Acusador não se ajoelhou, mas, antes de estar a meio caminho do trono, viu-se enredado como se para uma audiência. De repente, estava no meio do trono, com o Nome e o Cordeiro, as línguas de fogo do Espírito saltitando em círculos ao redor deles.

Falaram como um só, suas vozes em bela harmonia:

— Salve, Acusador! Donde vens tu? — suas palavras avivaram no Acusador um amor que ele rapidamente abafou debaixo de sua grande ira.

— De dar voltas pela terra e de percorrê-la toda — ele bufou. — Trouxe uma lista de pecadores que são culpados perante vós.

— Fizeste bem, meu bom e fiel servo, como sempre. Estou orgulhoso de ti.

O Acusador mal ouviu as saudações do Nome.

— Simão, filho de Jonas, está condenado. Ele te negou.

O Nome sorriu e Jesus falou:

— Não há nenhuma condenação para Pedro. Eu o perdoei.

— Tiago e João estão condenados. André e Natanael. Bartolomeu. Todos os Doze estão condenados. Eles te abandonaram à morte. São infiéis.

Jesus falou novamente, a voz cordial e bondosa:

— Não há condenação dos outros. Eu os perdoei.

— Caifás, sumo sacerdote de Israel, está condenado por conspiração, conluio e por dar falso testemunho contra o Messias. Pilatos, governador da Judeia, emissário de Tibério, César de Roma, está condenado por abusar de sua posição, por explorar os pobres, por idolatria. Herodes Antipas está condenado por tirar a esposa do irmão, por deixar de seguir os costumes de seu povo.

— Não há nenhuma condenação de Caifás, de Pilatos nem de Antipas. Estão todos perdoados, Acusador.

— E Judas Iscariotes? — agora o Acusador estava gritando. — Aquele que te entregou à morte também está perdoado?

A tristeza tomou conta dos olhos de Jesus, que deu um passo na direção do Acusador:

— Eu gostaria que Judas não tivesse perdido a fé. Sua reconciliação teria sido linda. Mas não o condeno. Ele também está perdoado. Estão todos perdoados, Acusador.

— Não podes fazer isso.

Mais uma vez, a alegria brilhou na fisionomia do Nome e ele deu um sorriso exultante.

— Na verdade, é impossível perdoar o pecado da humanidade. Sua boa sorte, então, é eu ser o Altíssimo, que não sou constrangido por essas palavrinhas como *possível* e *pecado*. Um sacrifício para todos os tempos. Um resgate infinito redimido. Um invencível inimigo traspassado com a própria espada.

— Acabou, Acusador! A morte foi derrotada. Todos os poderes das trevas convergiram sobre nós, fizeram o pior que puderam, e não foi suficiente. Agora mesmo o mundo está se endireitando. Jesus representa só as primícias. Logo toda a criação será exatamente como era no princípio. Lembra-te dos primeiros dias, quando não eras Acusador, mas Contador de Histórias? Esses dias voltaram. Está na hora de desistires da condenação.

A alegria marota do Nome alimentou a raiva do Acusador.

— Desistir da condenação? Desde o início, os seres humanos seguiram seu caminho. Matam, estupram e oprimem. Constroem palácios de areia para se proclamarem reis dos momentos breves que chamam vida. Quanto tempo depois que lhes deste teu Caminho eles esperaram para desobedecer-te? Passou-se um mês antes que Aarão fizesse um ídolo para eles? Quantas vezes eles imploraram para voltar ao Egito e pôr as correntes de volta neles mesmos? Com que rapidez esqueceram-se de seus juízes? Com que rapidez seus reis correram para os braços de outros deuses? Quantos profetas eles assassinaram?

— E quando tu te aproximaste em pessoa deles, eles te abandonaram, te negaram, tramaram contra ti, te crucificaram. Eles não querem nada contigo. São pródigos com teu amor. Desperdiçam tua bênção. Ignoram tua providência. São indignos de tua graça.

— A humanidade está condenada diante de ti. Convoca a Força! Deixa o Incomparável conduzir os exércitos do céu para vingar-te. Vamos mostrar ao mundo teu poder. Vamos fazer-te glorioso!

— Basta, Acusador. — Jesus ergueu a mão para interrompê-lo. — Não há nenhuma condenação. Os que estão na condenação estão ali porque escolhem as trevas em vez da luz. Mas portas não se fecharão para elas.

Em todos os milênios que o Acusador estivera no meio do trono, na própria presença do Nome, ele jamais tentara encerrar a audiência. Agora, porém, ele virou, afastou-se do trono e num instante estava perto das portas novamente. Os outros arcanjos e suas hostes tinham chegado e ele viu a Força e o Curandeiro cochichando atrás do Incomparável, que caminhou a passos largos para confrontá-lo.

O Acusador berrou para ser ouvido acima do cântico harmonioso dos Favorecidos e dos Flamejantes:

— Conheces o plano do Nome? Perdoar a humanidade... Eles, que destruíram sua criação perfeita; eles, que se destroem uns aos outros todos os dias? Sabes que o Nome quer acolhê-los entre nós?

O Incomparável agarrou-lhe o braço e o Acusador quase estremeceu.

— Dobra tuas asas, Acusador. Estamos todos cientes do que a ressurreição de Jesus significa. Ele ascendeu ao trono como Senhor de uma nova criação. — Apertou mais, fazendo o Acusador estremecer.

— Somos servos do Nome, como sempre.

— Somos servos do Altíssimo. — O Acusador não recuou. — Mas dize-me, Incomparável, que espécie de deus renega vingança dos que não fazem caso de suas leis? Que espécie de deus permite que os inimigos o crucifiquem? Que espécie de deus perdoa esses inimigos? Durante uma eternidade que se passou servimos o Nome fielmente, sem hesitar, sem um passo em falso. E qual é nossa recompensa?

A voz do Incomparável estava firme:

— Nossa recompensa é servir ao Nome, ser fiel a seu amor por nós e ao nosso por ele. Como sempre foi, assim sempre será. Basta.

— Não escutais? O Nome quer perdoar a humanidade. O Nome acolheria em sua presença aqueles que não têm nenhuma consideração por seu Caminho. Ele gostaria que se juntassem a nós. Nós, que servimos. Nós, que permanecemos fiéis. Nós, que vigiamos. Mas dizei-me: O que vemos?

— Eu vos direi o que vejo. Eu, o Acusador, que fui incumbido no Éden de andar entre os filhos de Adão e registrar suas imperfeições... Não ofereço nenhum socorro, Curandeiro. Não defendo os inocentes, Força. Não fico no céu, Incomparável. Caminho na lama. Noto cada pecado, cada passo em falso. Ouço cada mentira. Registro cada voto quebrado. Descrevo cada assassinato, cada estupro. Vejo cada ato de opressão, cada abuso de poder.

— Ninguém conhece como eu a maldade humana. Eles não merecem perdão. Merecem o que o próprio Nome incumbiu-me de distribuir: condenação, julgamento, justiça.

O Incomparável o interrompeu:
— Perdeste a cabeça, Acusador. Não vais mais acusar. Quando eles estão condenados, cabe ao Nome administrar a justiça como ele acha certo.

O Acusador se soltou e gritou para toda a sala do trono:
— Isso não é justiça. O Nome deixa que eles espezinhem sua santidade na lama, ponham-na em uma cruz e a destruam. Agora quer acolhê-los entre nós como iguais? Não, como mais que iguais, como filhos e filhas favorecidos! Vais te ajoelhar para eles, Incomparável? E tu, Força?

— Ides vos comportar obsequiosamente e servir os que provam sua indignidade cada vez que respiram? Ides servir as próprias criaturas que rasgaram o céu e crucificaram seu criador? Eu não. — O Acusador abriu os braços para abranger a grande sala do trono do céu. — Não vou permitir que o Nome destrua tudo isto por causa de seu amor por esses filhos rebeldes.

— Não vais permitir? — o Incomparável defendeu sua posição em tom áspero.

— O Nome está condenado. — O Acusador virou-se para o trono. — Seu amor pela humanidade é uma traição para todos nós. — Ele sacou a espada. — Comigo, minha legião!

O Acusador atacou o trono, suas hostes atrás dele.

> E começou a guerra no céu; Miguel e seus anjos guerrearam contra o dragão. O dragão e seus anjos combateram, mas não conseguiram vencer, nem se encontrou mais o seu lugar no céu [...] Por isso alegrai-vos, ó céus e todos os seus habitantes! Mas ai da terra e do mar, porque o Diabo desceu a vós cheio de raiva, sabendo que pouco tempo lhe resta. (Ap 12,7-8.12)

14

CORRENDO COM O DIABO

*Sobre diabos, irmãos mais velhos
e fariseus naquele tempo e agora*

Ser um irmão mais velho é viver quase constantemente em um estado de justa indignação. Certa vez, quando eu tinha uns treze anos, estava assistindo à tevê no sofá. Por razões claras só para a lógica inescrutável de irmãos mais novos, meu irmãozinho entrou na sala de estar e ficou diretamente entre mim e a tevê, encarando-me com um sorriso travesso. Não tendo o costume de intensificar uma divergência de irmãos de maneira desnecessária — em especial, com um dos pais em casa —, tive uma bondosa reação moderada:

— Mexa-se, por favor.

Meu irmão ficou em silêncio, e continuou a sorrir sem motivo.

— Mexa-se, por favor. Está impedindo minha visão.

Silêncio. Seu sorriso caçoava de mim.

— Está bem. Vou contar até cinco. Se você não se mover, vou lhe dar um soco.

Todas as opções pacíficas de meu cérebro adolescente haviam se esvaído. Estava na hora de partir para a briga.

— Um!...

A postura dele nem mesmo mudou.

— Dois!...

"A-quilo foi um brilho em seus olhos?"

— Três!...

"O que ele pretende aqui?"

— Quatro!...

"Ele deve *querer* levar um soco. De que outra maneira explicar isto?"

Dei um profundo suspiro. "Isto vai magoá-lo muito mais do que a mim."

— Cinco!

Levantei-me, caminhei até ele e dei-lhe um soco no estômago. Ele soltou um grito de gelar o sangue que fez minha mãe vir correndo de onde estava. Naturalmente, fui punido e meu irmão escapou sem nada além de uma advertência exasperada[1].

Irmãos mais velhos lutam com a graça. Adoramos quando estamos do lado recebedor, mas é difícil convencer-nos de que a graça é distribuída igualmente em uma casa com irmãos mais novos. Não é muito diferente na igreja, em que cristãos mais velhos — e supostamente mais maduros — quase sempre lutam para celebrar, enquanto os novos ou os que não fazem parte dela recebem a graça. Em resultado, muitas vezes somos resmungões, cruéis ou desencantados com nossa fé. Afastamo-nos de nosso primeiro amor e da paixão incandescente da graça que nos salvou.

Um irmão mais velho pode ser convencido de que a graça é uma coisa boa? Essa é a pergunta que Satanás nos convida a fazer.

O diabo (não) está nos detalhes

Certa vez eu conversava com um grupo de pastores sobre como chegar até os jovens. Discutíamos os méritos de uma banda de culto contemporâneo para um concerto. Em resposta, um dos pastores perguntou:

— Se o rock convoca demônios, por que eu deveria ter uma banda de rock na minha igreja?

---

1 Mais tarde, minha mãe sugeriu que ele simplesmente queria passar algum tempo comigo e estava tentando chamar minha atenção. Certo, mamãe. *Como se isso pudesse acontecer!*

Felizmente, sou produto de um grupo de jovens evangélicos do início da década de 1990, por isso essa não era minha primeira exposição à ideia de que o rock é música satânica. A pergunta do pastor provinha de uma interação da narrativa da origem de Satanás, especificamente que o ser que agora chamamos Satanás, Lúcifer e diabo era outrora do líder do culto no céu. Agora que ele caiu, é evidente que usa a música para corromper a humanidade. E bandas como AC/DC, Queen e Kansas fazem uso de álbuns artísticos, letras e máscaras para realçar a atividade demoníaca iniciada pelo ritmo do rock 'n' roll[2].

Teorias de conspiração musical à parte, muitas fontes do que chamo mito de Lúcifer são conhecidas: Lúcifer era um arcanjo que decidiu governar o céu em vez de Deus. Ele travou uma guerra e foi expulso do céu e lançado ao inferno. Agora ele é o demônio, que tenta a humanidade a fim de afastar de Deus quantos for possível.

O problema é que muitas partes dessa narrativa — inclusive o nome Lúcifer — não estão em parte alguma da Bíblia. Outras declarações importantes a respeito de Satanás que *estão* na Bíblia — inclusive a linha do tempo de sua queda — são ignoradas. Se começarmos com o que a Bíblia diz explicitamente sobre Satanás, surge uma imagem diferente.

Alerta estraga-prazeres: não tem muito a ver com o rock.

Versões do mito de Lúcifer esboçadas anteriormente são reconhecíveis já em Orígenes, padre da Igreja que viveu em Alexandria, Egito, por volta de 200 d.C. Os padres alexandrinos popularizaram a interpretação bíblica alegórica, mas basta dizer que não se preocupavam com o contexto histórico.

Orígenes identificou o diabo como a serpente no Gênesis — foi um dos primeiros autores cristãos a fazê-lo. Também identificou o diabo como o anjo da morte no Egito, Azazel, em Levítico 16, e Satanás em Jó. As identificações por Orígenes do príncipe da Babilô-

---

2   Se estamos fazendo listas de artistas que achamos que podem ser satânicos, vamos começar com Nickelback, Coldplay e Justin Timberlake.

nia em Isaías 14 e do rei de Tiro em Ezequiel 28 tornaram-se os textos básicos para o mito de Lúcifer juntamente com Apocalipse 12[3]. A leitura cuidadosa dessas passagens esclarece onde várias partes do mito de Lúcifer se originaram e por que usá-las para falar de Satanás deveria fazer-nos parar para pensar[4].

O nome Lúcifer vem a nós de Isaías 14. O profeta está falando contra o príncipe da Babilônia, que ele identifica como "Astro brilhante" e "Filho da Aurora" (TEB). O Astro brilhante é o planeta Vênus, que muitas vezes aparece ao alvorecer e é o objeto mais brilhante no céu depois do sol e da lua. Quando Jerônimo traduziu Isaías para o latim, ele transformou "Astro brilhante" na palavra latina *lucifer*, que significa "portador de luz". Os tradutores da Versão do Rei Jaime trabalharam não a partir dos textos grego e hebraico, mas do latim, deixando o termo *Lucifer* no texto, tratando-o como nome próprio. Por essa razão, o diabo ganhou um novo nome.

Julgava-se que este filho da aurora subiria ao céu para governar no lugar de Deus, mas em vez disso foi lançado "ao Xeol". Com certeza parece a história de Lúcifer, mas o profeta usa linguagem poética para descrever a arrogância do Império Babilônio. Sem já presumir o mito de Lúcifer, não fica imediatamente óbvio que Isaías 14 tem alguma coisa a ver com Satanás. Embora, seguindo o exemplo de Orígenes, alguns Padres da Igreja preferissem entender a profecia como tendo vários estratos, muitos outros, inclusive Lutero

---

3   Veja Orígenes, *Origen Against Celsus*, in: *Fathers of the Third Century. Tertullian, Part Fourth; Minucius Felix; Origen, Parts First and Second*, COXE, A. C. ed., v. 4, *Ante-Nicene Fathers*, ROBERTS, A. et al. ed., Buffalo, NY, Christian Literature Company, 1885, 592. Trad. bras.: *Contra Celso*, v. 20 *Patrística*, São Paulo, Paulus, 2004.

4   Em *Contra Celso*, cap. 44, a metodologia de Orígenes está clara. Ele faz extensas identificações do diabo porque "todo aquele que prefere o vício e uma vida perversa é (porque age de maneira contrária à virtude) Satanás, isto é, 'adversário' do Filho de Deus" (p. 593). Sua leitura alegórica da Escritura Sagrada permite-lhe afirmar que pessoas históricas são na verdade Satanás, hermenêutica que, na melhor das hipóteses, deixa os leitores modernos desconfortáveis.

e Calvino, são inflexíveis em afirmar que a passagem nada tem a ver com o diabo[5].

O mesmo é verdade de outra passagem considerada popularmente informação sobre a história de Lúcifer, Ezequiel 28,12-19. Empregando linguagem tipológica que soaria familiar aos seus ouvintes, Ezequiel representa outro monarca — o rei de Tiro — como Adão caminhando no Éden. Como nosso primeiro pai, este rei mostrou-se infiel e, portanto, merecedor do julgamento que Deus desencadeou. Novamente, não há nenhum ser sobrenatural. Ezequiel pelo menos apresenta a história primordial, mas Adão no Éden é linguagem tipológica utilizada para comentar uma figura contemporânea. Aqui também não há nenhum diabo[6].

O relato mais claro da queda de Satanás é Apocalipse 12,7-9:

> E começou a guerra no céu; Miguel e seus anjos guerrearam contra o dragão. O dragão e seus anjos combateram,

---

[5] Em seu comentário sobre Isaías, Calvino escreveu o seguinte: "A exposição desta passagem, que alguns acreditam referir-se a Satanás, origina-se da ignorância; de fato, o contexto mostra claramente que essas declarações devem ser entendidas com referência ao rei dos babilônios. Mas quando passagens das Escrituras são consideradas aleatoriamente e não se dá nenhuma atenção ao contexto, não precisamos especular que erros dessa natureza ocorrem com frequência. Contudo, foi um exemplo de ignorância muito chocante imaginar que Lúcifer era o rei dos diabos e que o Profeta lhe deu esse nome. No entanto, como essas mentiras não têm nenhuma probabilidade, vamos deixá-las para trás como fábulas inúteis". CALVINO, JOÃO, *Commentary on Isaiah*, v. 1, PRINGLE, WILLIAM (trad.), Grand Rapids, Christian Classic, Ethereal Library, s./d. Disponível em: <www.ccel.org/ccel/calvin/calcom13.xxx.i.html>. Acesso em: 16 nov. 2021.

[6] Fato divertido: essa é a passagem usada para alegar que Satanás era o líder do culto no céu. Na Versão do Rei Jaime, Ezequiel 28,13 diz: "A arte de teus pandeiros e tuas flautas foi preparada em ti no dia em que foste criado". Posto que pandeiros e flautas são instrumentos musicais, os intérpretes os entendem como metonímia e insistem que Satanás foi o primeiro líder de culto. Infelizmente para eles (mas felizmente para todos nós, que amamos rock 'n' roll), a tradução dessas duas palavras hebraicas é, na melhor das hipóteses, duvidosa e provavelmente não se refere, em absoluto, a instrumentos. Oba! Lamento, todas as bandas metálicas cabeludas para sempre.

> mas não conseguiram vencer, nem se encontrou mais o seu lugar no céu. O grande dragão, a antiga serpente, chamado Diabo e Satanás, o sedutor do mundo inteiro, foi derrubado, e seus anjos foram atirados com ele na terra.

Aqui Satanás é descrito como dragão, chamado "a antiga serpente" e "Diabo"[7]. E há uma guerra no céu. Satanás chega a levar um terço dos anjos quando é derrubado.

No entanto, *quando* isso aconteceu? Foi, de fato, antes de a terra ser criada, como a narrativa de Lúcifer insiste? Não, de acordo com Apocalipse 12. Os seis primeiros versículos narram a história de uma mulher que é Maria e também Israel — ela é coroada com doze estrelas —, que dá à luz um filho. Para não ficarmos confusos quanto à identidade dessa criança, o autor do Apocalipse anexa um salmo messiânico a seu nascimento. Este é Jesus.

O dragão ameaçou Jesus, mas, antes que pudesse devorá-lo, Jesus foi "levado para junto de Deus e do seu trono" (Ap 12,5) Toda a encarnação, morte e ressurreição de Jesus está absorvida no espaço entre as palavras. Jesus nasceu e foi levado ao céu.

E *então* a guerra começou. Segundo o Apocalipse, a guerra de Satanás foi provocada pela ascensão de Jesus ao trono do céu. (Mais sobre isso daqui a pouco.)

Parte de nossa luta é querermos respostas humanas a questões cósmicas[8]. O Apocalipse, por exemplo, não é uma biografia de Satanás. Trata das sete igrejas da Ásia que permanecem fiéis a Deus no meio de uma cultura infiel. O autor do Apocalipse organiza a história de Satanás (e seu relacionamento com Roma) especificamente para servir a esse propósito.

---

7 Greg Boyd observou corretamente que "a antiga serpente" a que João se refere aqui é Leviatã, serpente marítima mítica que encarnava o mal na imaginação do antigo Oriente próximo. Veja BOYD, GREG, *God at War: The Bible and Spiritual Conflict*, Downers Grove, IL, InterVarsity Press, 1997, 95.

8 O livro de Jó, em especial, recusa-se a isso. Faríamos bem em seguir o exemplo de Jó e, ao fim de nossas perguntas, erguer as mãos e declarar: "Nada mais digo" (Jó 40,5, TEB).

Nenhum dos textos que falam do mito de Lúcifer narra a história de um anjo que se rebelou contra Deus antes do início da criação. O único jeito de encontrar essa história da Bíblia é procurá-la — e ler versículos fora de contexto. Felizmente, a Bíblia fala sobre Satanás; se nos concentrarmos no que ela Bíblia diz realmente, porém, surge uma imagem diferente.

A lei e a ordem: o Céu

Há apenas três referências a Satanás no Antigo Testamento e a primeira não está no Gênesis. Embora muitos leitores presumam que a serpente falante em Gênesis 3 seja o diabo encarnado, o Gênesis mesmo trata o animal não como um ser divino, mas como um animal falante[9].

Lúcifer não aparece de jeito nenhum e a palavra diabo só é usada no Novo Testamento. O Antigo Testamento está cheio de demônios e deuses pagãos, mas não há nenhum anjo importante caído. Entretanto, encontramos uma figura chamada Satanás, que aparece nos primeiros capítulos de Jó, Zacarias e — muito preocupante — em 1 Crônicas. Satanás é palavra hebraica que significa "acusador"[10]. É um título, um papel desempenhado nas cortes reais do

---

9 Veja DOLANSKY, SHAWNA, How the Serpent Became Satan, *Biblical Archaeology*, 8 abr. 2016. Disponível em: <www.biblicalarchaelogy.org/daily/biblical-topics/bible-interpretation/how-the-serpent-became-satan>. Acesso em: 16 nov. 2021. A ideia de uma cobra falante é estranha para nós, mas não para leitores deste texto antigo. Note também que nem o homem nem a mulher acharam incomum a capacidade da cobra de falar. Embora esse animal pusesse o homem e a mulher à prova, que perceberemos ser parte do papel de Satanás, Gênesis 3 não identifica a cobra como outra coisa além de uma cobra. *Poderia* ser Satanás, mas em nenhuma parte de toda a Escritura isso está explícito. Os leitores antigos sabiam que as cobras eram consideradas símbolos de sabedoria na cultura babilônica. Quando lida à luz do exílio babilônico, a história não deixa dúvidas quanto ao que Deus pensa da sabedoria da Babilônia.

10 Walton chama essa figura de "Desafiador". Veja sua análise em WALTON, JOHN H. *The NIV Application Commentary. Job*, Grand Rapids, Zondervan, 2012, 64.

antigo Oriente Próximo e mais ou menos análogo a nosso promotor público de hoje. O acusador representava o estado (isto é, o rei) em processos legais. Com isso em mente (e deixando o mito de Lúcifer fora dela), estes três textos oferecem uma imagem muito diferente da identidade e do papel de Satanás.

1 Crônicas. "Satã se ergueu contra Israel e induziu Davi a fazer o recenseamento de Israel" (1Cr 21,1). Esse texto parece muito direto. Satanás incitou Davi a pecar, exatamente o que esperamos dele. O problema é que os dois livros de Crônicas são uma recapitulação da história de Israel encontrada em 1 Samuel até 2 Reis. A versão original dessa história está em 2 Samuel 24. Prepare-se, pois é um pouquinho diferente: "Tornou a se inflamar a ira de Javé contra os israelitas, e ele incitou Davi contra eles. 'Vai', disse ele, 'recenseia Israel e Judá'" (Sm 24,1).

Na versão original da história, não foi Satanás, mas Deus quem incitou Davi a pecar. Quando recontou a história, o autor de Crônicas mudou Deus para Satanás. É um baita descuido. Uma coisa é confundir Hitler com Stalin e outra coisa confundir qualquer dos dois com Madre Teresa. (Como seu editor não percebeu isso?)

Há outra possibilidade: o autor de Crônicas não considerava Satanás adversário de Deus, mas funcionário da corte divina de Deus. Se Satanás trabalhava para Deus, por assim dizer, e se era responsável por tentar a humanidade em benefício de Deus, então 1 Crônicas pode ser verdade, porque Satanás tentou Davi. *E* 2 Samuel pode ser verdade, pois como rei divino Deus é, em última instância, responsável pelas ações da corte divina.

Zacarias e Jó. Em Zacarias 3, o profeta recebe uma visão de Josué, sumo sacerdote de Israel. A visão é de redenção:

> Ele fez-me ver o sumo sacerdote Josué de pé, diante do anjo de Javé, e o Satã de pé à sua direita, a fim de o acusar. E o anjo de Javé disse ao Satã: "Que Javé te reprima, Satã, que Javé te reprima, ele que escolheu Jerusalém! Este não é um tição salvo do fogo?". Ora, Josué estava vestido com

vestes sujas, quando, de pé diante do anjo, tomou a palavra e falou àqueles que estavam de pé diante dele. E disse: "Retirai dele as vestes sujas!". Depois ele lhe disse: "Vê! Eu fiz sair de sobre ti a tua falta!" (Zc 3,1-4)

Aqui Satanás desempenha o papel do acusador. Está de pé na corte celestial, prestes a declarar a culpa de Josué — e por extensão de todo o Israel. Em vez disso, porém, Deus o repreende — e oferece perdão e redenção.

Eu nunca tinha lido nem 1 Crônicas nem Zacarias até entrar na faculdade bíblica. No entanto, ouvi muitas vezes a história de Jó na adolescência, e foi sempre difícil conciliar a apresentação de Satanás no livro com o mito de Lúcifer:

> Um dia em que os filhos de Deus se apresentaram diante de Javé, o Satã veio também entre eles. Perguntou então Javé ao Satã: "Donde vens tu?". Respondeu-lhe o Satã: "De dar voltas pela terra e de percorrê-la toda". Disse Javé ao Satã: "Notaste o meu servo Jó? Não há ninguém na terra que lhe seja igual: íntegro e reto, temente a Deus, afastado do mal!". Mas o Satã retrucou a Javé: "É a troco de nada que Jó teme a Deus? Não tens protegido, qual uma muralha a sua pessoa, a sua casa e todos os seus bens? Abençoas tudo quanto ele faz! E seus rebanhos cobrem toda a região! Mas estende tua mão e toca no que ele possui! Tenho certeza de que ele te lançará maldições em teu próprio rosto!". Disse Javé ao Satã: "Pois bem! Tudo o que ele tem está em teu poder! Mas não estendas a tua mão contra a sua pessoa!" (Jó 1,6-12)

Em Jó, Satanás é apresentado como membro da corte celestial. Seu papel é percorrer a terra, registrando os pecados da humanidade e relatando-os a Deus. O conflito em Jó — pelo menos no céu — é porque Satanás não está convencido de que a fidelidade de Jó a Deus é sincera. Aos olhos de Satanás, Jó não foi testado. Deus permite que Satanás tente Jó, para comprovar sua fidelidade.

Mais uma vez esta história é problemática, se Satanás e Deus já forem adversários. No entanto, se Satanás é funcionário do céu, sua presença na corte celestial faz sentido[11].

O Acusador caiu

E Satanás no Novo Testamento? Temos ecos do acusador veterotestamentário quando ouvimos Jesus advertir Pedro de que Satanás queria peneirar os discípulos como trigo (Lc 22,31-32), subentendendo um teste para ver quem é verdadeiramente fiel. E até a tentação de Jesus no deserto pode ser entendida à luz de Jó; quem sabe Satanás testou a fidelidade de Jesus para ver se ele de fato estava apto a ser o Messias de Israel?

Em qualquer outro lugar, porém, Satanás é o diabo, palavra grega que significa "impostor". Ele é chamado leão a rugir (1Pd 5,8), alguém que é pecador desde o início (1Jo 3,8-10), autor de ciladas (Ef 6,11), assassino desde o começo que jamais esteve com a verdade (Jo 8,44) e detentor do poder da morte (Hb 2,14).

O que aconteceu entre o Antigo e o Novo Testamentos? Como Satanás passou de perseguidor divinamente designado para impostor e mentiroso? A resposta seca é esta: Jesus ressuscitou dos mortos e subiu ao trono do céu.

---

11 Deus testou a fidelidade da humanidade do princípio ao fim das Escrituras. Deus testou Abraão (Gn 22,1) e Jó. Moisés considerou os quarenta anos no deserto um tempo prolongado de provação (Dt 8,2). O Antigo Testamento só fala em termos de *pôr à prova*, enquanto em grego a mesma palavra é traduzida como *tentar* e pôr à prova. Dizer que Deus nos põe à prova, então, parece estar inicialmente em conflito com a seguinte alegação de Tiago: "Deus não tenta a ninguém" (Tg 1,13). Tiago, porém, continua e esclarece que a tentação surge por causa de nossos desejos pecaminosos. Em outras palavras, se não fôssemos pecaminosos, passaríamos no teste. Sofremos tentações precisamente porque somos pecaminosos.

Todos os livros que constituem o que agora chamamos Novo Testamento foram escritos pelo menos uma geração depois de Jesus ressuscitar dos mortos. Foram formados por décadas de reflexão da nova comunidade cristã no significado da encarnação, morte e ressurreição de Jesus. E a maioria dos autores neotestamentários era formada por judeus, que recorreram à longa tradição judaica — a qual, no contorno exterior, inclui a figura do acusador.

Os autores neotestamentários insistem, vezes sem conta, que alguma coisa fundamental mudou no cosmos quando Jesus ressuscitou dos mortos. Ao morrer, ele derrotou os poderes do pecado e da morte. Ao ressuscitar dos mortos, provou que o caminho de Deus leva à vida — mesmo que Deus tenha de ressuscitar para que isso aconteça. No rastro da ressurreição, já não há mais necessidade de um acusador. Ao ressuscitar Jesus dos mortos, Deus já não leva em conta contra nós nossas transgressões, como Paulo observou em 2 Coríntios 5,19 e diz em Romanos 8,1-2: "Agora já não há nenhuma condenação para os que vivem em Cristo Jesus. Porque a lei do Espírito, que dá a vida em Cristo Jesus, te livrou da lei do pecado e da morte".

O livro do Apocalipse nos diz que quando Jesus subiu ao céu, quando sua obra de salvação foi concluída, Satanás foi à guerra. Foi subjugado, naturalmente, mas esse não foi bem o fim da história. O Apocalipse nos diz: "Por isso, alegrai-vos ó céus e todos os seus habitantes! Mas ai da terra e do mar, porque o Diabo desceu a vós cheio de raiva, sabendo que pouco tempo lhe resta" (Ap 12,12).

No rastro da guerra no céu, Satanás foi lançado à terra. Ele sabia que pouco tempo lhe restava, por isso deu início a missão de levar com ele tantas pessoas quantas conseguisse. Mas como? A morte não impede o Deus que ressuscita os mortos. Assim, como o dragão combateria o trono?

O Apocalipse nos diz que ele é o impostor, o diabo. Mentiras são a arma de Satanás — tema que percorre o Novo Testamento. O Satanás do Antigo Testamento, o acusador de Deus, era qualquer coisa menos mentiroso. Ele relatou o pecado da humanidade para que os homens fossem merecidamente condenados diante de Deus. Agora que não existe *nenhuma condenação*, porém, Satanás só pode mentir.

O Apocalipse continua e nos diz que Satanás planejou especificamente combater o povo de Deus, levar-nos à idolatria e à infidelidade. Satanás nos convence, como Caim, a basear nossa identidade em coisas temporais, temporárias, em vez de no eterno amor de Deus. Satanás cochicha em nossos ouvidos que, como Sansão, devemos satisfazer todos os desejos e tomar qualquer coisa que nossos olhos achem desejável, para deixarmos de ser o povo santo de Deus. Satanás nos ensina a ter medo para, como Jezebel, pensarmos em falsos deuses para proteção e segurança.

Satanás nos convence de que, se nos esforçarmos bastante, faremos todos felizes para, como Herodes, negligenciarmos e desvalorizarmos os mais vulneráveis entre nós. Satanás nos cega para a decadência em nossas árvores genealógicas para, como Herodíades, perpetuarmos os pecados de nossos antepassados. E Satanás nos conta histórias de um deus que vence, um deus de vitória e conquista para, como Judas, não ouvirmos a voz do crucificado.

Mentira após mentira, — todas foram planejadas para nos distrair do poder do Espírito em ação em nós para trazer vida nova[12].

Não admira, então, que na época em que os cristãos escreviam Satanás tivesse se tornado para eles um mal eterno, alguém detestável desde o princípio. João, o Revelador, personificou-o como uma terrível serpente marítima de muitas cabeças. Para ele, Satanás era o Leviatã da mitologia do antigo Oriente Próximo que se escondia nas profundezas dos mares, a personificação das forças caóticas da anticriação. Satanás era a antítese do poder divino vivificante.

Tudo isso acontece porque a ressurreição de Jesus eliminou a necessidade de um acusador. Satanás não é o líder do culto celestial exilado do céu antes da criação do mundo. É alguém basicamente

---

12 Satanás não está sozinho nisto. Como no livro do Apocalipse, ele conduz os poderes deste mundo para nos iludir. Governo, mídia, educação, economia e até falsos mestres na própria Igreja ajudam essa missão de trapaça.

furioso porque está sem emprego. Isso parece ridículo, mas poderia ser o mal mais insidioso?

Graça irritante
(que salvou um desgraçado como eu)

Satanás achava a graça divina tão ofensiva que foi combater o Criador. Infelizmente, a atitude de Satanás é comum. Jesus a encontrou inúmeras vezes, em especial entre os religiosos de seu tempo. Durante seu ministério, adquiriu a fama de amigo dos pecadores. Pelo jeito, ele era frequentador de festas, porque corriam rumores de que ele era comilão e beberrão[13]. Repetidas vezes os líderes religiosos do tempo de Jesus escandalizavam-se porque um rabi respeitável como ele seria apanhado morto com gente como os pecadores com os quais ele andava.

Lucas escreveu: "No entanto, todos os cobradores de impostos e outros pecadores se aproximavam de Jesus para o ouvir. Os fariseus e os escribas murmuravam: 'Este homem acolhe bem as pessoas de má vida e come com elas!'" (Lc 15,1-2)

Em resposta, Jesus narrou três parábolas para exemplificar por que ele estava onde estava — em uma festa extremamente popular com pecadores. A primeira fala do pastor que perde uma de cem ovelhas e deixa as noventa e nove para procurar a que se perdeu. Jesus disse que no céu há maior alegria no céu por um pecador que se converte do que por noventa e nove justos que não precisam de conversão.

A segunda fala da mulher que perde uma de dez moedas. Quando acha o dinheiro perdido, ela dá uma festa para as amigas e vizinhas.

A terceira narrativa, comumente chamada parábola do filho pródigo, apresenta um pai e dois filhos. O caçula exige sua herança, foge,

---

13 Veja, por exemplo, Lucas 7,33-34. Ele não era, já se vê, comilão e beberrão. Mas seus adversários não teriam lhe atirado tais rótulos se ele fosse parecido com seu primo João, um nazireu que se abstinha completamente de vinho. Jesus, pelo visto, era a alma da festa — e por que isso deveria surpreender alguém?

esbanja a herança e volta para casa rastejante, mas o pai o recebe de braços abertos e até dá uma festa.

Jesus realmente gostava de festas.

Entretanto, essa história não termina com uma festa, mas, sim, nos campos, onde o irmão mais velho está trabalhando, e se recusa a vir para a festa. O pai insiste para ele vir, mas o filho responde:

> Há tantos anos te sirvo, sem desobedecer a nenhuma das tuas ordens, e nunca me deste um cabrito sequer para fazer uma festa com meus amigos. Mas só porque está de volta esse teu filho. que esbanjou teus bens com as prostitutas, mandas matar para ele o novilho de engorda (Lc 15,29-30).

O irmão mais velho recusou-se a ficar sob o mesmo teto com o filho havia muito tempo perdido e que tinha sido acolhido em casa. E Jesus comparou os líderes religiosos ao irmão mais velho. E disse que eles, se conhecessem Deus tão bem como afirmavam, estariam exatamente onde ele estava — no meio dos pecadores e coletores de impostos.

Em vez disso, a religião dos fariseus os fez amargos e zangados. De alguma forma, seu zelo por Deus os *impediu* de refletir no caráter de Deus. Em vez de alegrar-se porque os filhos desobedientes de Deus voltaram para casa a fim de encontrar perdão e reconciliação, eles se zangaram. Guerrearam contra Jesus do mesmo jeito que Satanás guerreou contra Deus.

Está em jogo um mal-entendido fundamental do caráter de Deus — ou uma total rejeição dele. Se a caracterização que Jesus fez dos fariseus na pessoa do irmão mais velho estiver correta, a ignorância os cegou. O irmão caçula pegou sua herança, o que significa que a resposta do pai — "tudo que é meu é teu também" — é literalmente verdade. O pai estava usando os bens do irmão mais velho para dar a festa de boas-vindas. Quem bem advém de desperdiçar recursos com um filho que já desperdiçou tanto?

No entanto, a graça não é um bem limitado. Deus é infinito e livre, o próprio Criador do universo. A Deus não falta a graça.

O irmão mais velho tinha uma queixa legítima. Não era justo a seus olhos o caçula desperdiçar os bens do pai e depois voltar, sendo tudo perdoado. Um irmão nunca peca e o outro não faz outra coisa senão pecar; contudo, no fim, ambos recebem a mesma recompensa. É profundamente injusto e podemos relevar a ira dos fariseus. Repetidas vezes os profetas de Israel insurgiram-se contra a injustiça. Repetidas vezes eles insistiram que Deus vai recompensar os justos e punir os maus.

Os fariseus, porém, esqueceram como os profetas descreveram Deus repetidas vezes. Como Jesus lembrou-lhes em outra confrontação a respeito da mesma questão (uma discussão sobre o chamado de Mateus, o coletor de impostos): "Não são as pessoas de saúde que precisam de médico, mas os doentes. Ide aprender o que significa: Prefiro a misericórdia ao sacrifício. Em verdade, não vim chamar os justos, mas os pecadores" (Mt 9,12-13).

Jesus citava o profeta Oseias, indicando aos fariseus que sua visão da justiça divina era torta. Sim, Deus é justo. E, sim, Deus pune os maus. No entanto, Deus é *lento* para a ira e *rápido* para demonstrar misericórdia. E Deus *não* está mais interessado na adesão submissa de seu povo a regras. Esse é o sistema sacrifical concretizado na preocupação míope pela justiça que vemos nos fariseus.

Jesus lembrou-os de que ser como Deus é apressar-se em mostrar misericórdia e celebrar quando os pecadores arrependem-se e encontram a vida. Isso deve ser *boa-nova* e merece uma festa.

Talvez o aspecto mais perturbador dessa atitude perversa que vemos no irmão mais velho, nos fariseus e em Satanás seja a convicção de que eles não vivem o melhor da vida. O irmão mais velho queixou-se de trabalhar como escravo, enquanto o irmão foi embora aproveitar a vida. Não é preciso conviver com muita gente da igreja para perceber como a atitude dos fariseus é verdadeira. Francamente, muita gente religiosa considera a vida religiosa um sacrifício. Os pecadores ficam com toda a diversão — sexo, drogas, rock 'n' roll —, enquanto o pessoal religioso sacrifica a diversão, a alegria e a emoção por uma recompensa eterna. Como benefício adicional, decidimos julgar os pecadores e não demora para surgir certo convencimento presunçoso enquanto contemplamos seu tormento eterno[14]. *Tenham toda a diversão que querem agora. Veremos quem vai rir pela eternidade!* Não admira que o pessoal religioso fique contrariado quando Deus aparece. Em vez de ficar alheio e distante para julgá-los, Deus se diverte com os pecadores.

Por trás de tudo isso está a convicção de que servir a Deus é trabalhar como escravo e de que a vida à qual Deus nos chama não é boa, não é divertida, não é vida. Isso simplesmente não é o que vemos em Jesus. Todos queriam estar em volta dele. Aonde quer que ele fosse, as pessoas encontravam vida, uma vida tão atraente que eles abandonavam os padrões de pecado que os circundavam e o seguiam. Assim, muitos dos filhos de Deus que tinham sido pródigos com a graça divina encontravam em Jesus alguma coisa melhor do que conheceram no pecado.

Não admira que a chamassem boa-nova. Não admira que quisessem estar com ele.

Deveríamos nos preocupar porque nossas igrejas estão cheias principalmente de cristãos. Deveríamos perder o sono pelo fato de muitos pastores não terem relacionamentos significativos com pessoas de fora da igreja, sem falar com quem a igreja normalmente despreza como pecadores. Se por causa de sua fé você se transformou em alguém careta, enfadonho e triste, tem alguma coisa errada com ela.

Os cristãos que se recusam a estender a graça divina ao mundo que os rodeia são verdadeiramente satânicos. Talvez não acreditemos que a graça é gratuita, ou julguemos ter recebido mais que qualquer outra pessoa, ou simplesmente não estejamos convencidos

---

14 Talvez não seja tão surpreendente que o céu que esse tipo de pessoa religiosa imagina seja igualmente enfadonho. Ouvimos com frequência o céu descrito como voo sobre nuvens tocando harpas. Maçante! Aposto que nem mesmo permitem imitadores dos Ramones.

de que a vida com Deus é a plena e alegre vida abundante que Jesus prometeu. Em todo caso, nossa imagem pecaminosa de Deus envenena nossos relacionamentos com o próximo.

No entanto, quando uma igreja entende isso corretamente, ela muda a vida.

Eu soube que queria fazer parte da Igreja Catalisadora desde o momento em que ouvi falar das cadeiras. A igreja acabara de perder seu principal pastor e escutara meu nome informalmente. Eu estava ao telefone com o outro pastor da equipe e lhe pedi para me falar da igreja. Ele disse: "Somos uma igreja que é para todas as pessoas que ainda não estão aqui".

Então, ele me contou uma história que começou logo depois que se mudaram para o prédio próprio. Eles formavam uma congregação pequena, mas, como parte da mudança para o prédio, verificaram se tinham cadeiras suficientes. O pastor, Levi, sabia que precisaria de mais se crescessem, mas, por serem uma pequena igreja jovem que acabara de se mudar para um prédio novo, não tinham muito dinheiro extra.

Levi levou o assunto aos fiéis. Lembrou-lhes de que a Catalisadora sempre fora uma igreja para quem não gosta de igreja — pessoas que se sentiram agastadas no passado ou não conseguem se conectar com Deus por meio das formas mais tradicionais de culto em que foram criadas. Ele lhes telefonou para ter uma visão geral daqueles ao redor do novo prédio e ressaltou que literalmente não havia lugar para eles por lá. Tinham cadeiras suficientes para si próprios, mas nenhuma para outras pessoas.

A congregação esforçou-se e rapidamente levantou o dinheiro para as cadeiras extras. E efetivamente não foram cadeiras extras muito tempo. Cada vez mais pessoas descobriam uma igreja que era para elas, um lugar que as acolhia como eram e lhes dava o espaço — e a graça — de aprender a confiar no Espírito para renová-las.

A Catalisadora é uma festa dada por um pai que está cheio de alegria porque seus filhos pródigos voltaram para casa. Temos muitos pródigos e temos muitos irmãos mais velhos também. Muitos deles pensaram por tempo demais que a religião tratava de regras arbitrárias transmitidas por um Deus distante. Passaram a vida trabalhando como escravos e agora, devagar, vão percebendo que não são escravos, mas filhos, convidados para a festa.

A festa de Deus tem cadeiras suficientes para todos.

Os irmãos mais velhos entre nós precisam de cura tanto quanto os pródigos que estão no meio de nós. O antídoto é escutar a voz do Deus que argumenta conosco no campo. Precisamos nos reconectar com nosso primeiro amor, o Jesus que encontramos nos Evangelhos, que veio anunciar a boa-nova, derrubar os poderosos de seus tronos e erguer os rejeitados e oprimidos. O Deus que se orgulhava de associar-se com prostitutas, coletores de impostos e pecadores porque eles encontravam vida nele. O Deus que se deixava interromper por crianças e doentes crônicos e centuriões romanos.

Para nossas igrejas serem hospitais destinados a pecadores, em vez de clubes de campo para santos, precisamos de uma boa dose de humildade, percebendo que somos todos pecadores necessitados de graça. Práticas espirituais, tais como confessar nossos pecados uns aos outros ou orações cotidianas de exame, nos ajudam a lembrar que tudo que fazemos é pela graça divina.

Nossas igrejas precisam parar de se esconder em nossos santuários. Se somos o corpo de Cristo, precisamos ir aonde sabemos que o corpo de Cristo foi quando ele se encarnou entre nós.

O pecado de Satanás foi recusar-se a estender a graça ao mundo à nossa volta. Receber a graça é fácil; estendê-la aos outros não. Precisamos permanecer no Espírito para permitir-lhe cultivar em nós o fruto do amor, da alegria, da paz e da paciência. Quando somos cada vez mais transformados na imagem de Deus, ficamos mais cheios de graça, como Deus é cheio de graça. Redescobrimos a alegria de pecadores que abandonam seus pecados para encontrar a vida. E percebemos que alguma coisa há para celebrar.

Epílogo

EMPATIA COM O DIABO

*O que fazer quando
você vem a ser o vilão*

No verão depois do terceiro ano de faculdade, trabalhei para a turma do gramado da universidade. Era uma atividade desagradável, mas vários de meus amigos estavam lá, por isso nos divertimos, apesar das longas horas e do calor do verão. Nosso chefe logo notou que trabalhávamos arduamente e que a outra turma era preguiçosa. Enquanto cortávamos a grama e aparávamos a beira das calçadas dos dormitórios, os outros colegas estacionavam o caminhão do lado de fora de um prédio de salas de aula e sentavam-se no saguão com ar-condicionado.

Percebíamos que nosso chefe sabia o que o outro grupo fazia, porque ele começou a lhes designar todos os trabalhos mais árduos e mais importantes. Ficamos furiosos. Por que ele não os demitia ou pelo menos os punia? Os dias viraram semanas e nada melhorou — e menos ainda nossa carga de trabalho.

Um ódio profundo pelo chefe crescia em meu espírito. Tá bem, não só crescia. Eu o *cultivava*. Fantasiava o tempo todo que ia adverti-lo — até quando não estava trabalhando. Eu me consumia de ódio por ele. Quando finalmente percebi como minha atitude era tóxica, passei a rezar para que Deus o fizesse mudar e também para que me ajudasse a lidar com minha ira.

Na semana seguinte aconteceu uma coisa estranha. Recebi várias informações sobre o chefe que me deram uma ideia de sua vida pessoal e profissional. Nada importante — nenhum escândalo, nada surpreendente —, mas que transformaram meu modo de vê-lo. De repente, entendi de onde ele vinha. Eu ainda não concordava com suas atitudes, — longe disso, porém descobri que já não podia ficar zangado com ele. De fato, eu me vi querendo trabalhar mais arduamente, fazer o que pudesse para deixá-lo despreocupado.

Nada mudou naquele verão — exceto a percepção que tinha do chefe. Uma pequena empatia fez-me diferente.

Não existe essa coisa de monstros[1]. Quando olhamos do outro lado da plateia, da cidade ou do mundo, e declaramos que os demais são monstros, não há sinal mais claro de que os entendemos mal. Meu favorito entre o excesso de romances pós-apocalípticos para jovens adultos é a trilogia *Pure* de Julianna Baggott, a quem entrevistamos no podcast StoryMen sobre o processo de escrever. Em seu relato, ela falou especificamente sobre uma das personagens mais populares da série, El Capitan:

> Eu realmente queria que El Capitan fosse um mau sujeito. Quando eu realmente me alonguei em sua existência [...] ele já não podia ser um mau sujeito [...] Quando você olha para a plena humanidade de alguém, o que ele teme realmente, o que ele verdadeiramente deseja, o que ele passou, você é obrigado a conhecê-lo. E uma vez que o conhece, o perdão está a apenas um passo[2].

Fazemos vilões daquilo que não entendemos. Insistimos que eles nunca poderiam ser como nós. No entanto, um exame mais atento revela que estamos separados por graus, não tipos. Todos temos a

---

1 Como fã de filmes de horror, dói-me digitar isso. Não conte a ninguém, está bem?
2 BAGGOTT, JULIANNA, *Author Julianna Baggott and the World of Pure*. The StoryMen, Podcast, 14 mar. 2013. Disponível em: <https://juliannabaggott.com/>.

mesma doença. Rainhas más e *femmes fatales*, irmãos assassinos e reis doidos, traidores e diabos vivem entre nós — e eles são nós.

Espero que esta jornada pela vida de alguns dos vilões bíblicos mais infames tenha sido tão surpreendente e agradável para você como foi para mim escrevê-la. Repetidas, vezes enquanto eu me alongava na existência desses demônios, descobri serem verdade as palavras de Baggott. Quanto mais eu via de sua humanidade, mais fácil era entendê-los, sofrer por eles, sentir compaixão e amor. Eu me vi aplaudindo-os, embora soubesse que suas histórias terminavam em tragédia. Eu me vi de coração partido em vez de zangado ou hipócrita.

Acima de tudo, eu me vi nesses vilões. Vi com que facilidade eu poderia ser eles e como muitas vezes eu já estava seguindo seus passos. Eis as grandes dádivas da empatia: compaixão e compreensão.

Hoje, precisamos desesperadamente de empatia em nosso mundo. A próxima vez que encontrar alguém que você não entende, pergunte por que antes de se apressar em julgá-lo. Quando outros se revelam monstros (e, portanto, uma ameaça a *você*), lembre-se de que *eles* são exatamente como *você*. Eles são a imagem de Deus. Eles amam alguém. Magoam-se. Lembre-se de que eles seguiram um caminho para chegar aonde você está.

Finalmente, que esta viagem ao coração dos piores vilões bíblicos dê-lhe uma descrição mais clara do Deus à imagem de quem você e eles foram feitos. Sejamos nós todos mais rápidos para escutar e mais lentos para falar. Apressemo-nos em mostrar misericórdia e em ser lentos para nos irritarmos. Aprendamos a ver a plena humanidade do outro. E, enquanto isso, que o Espírito nos conceda compreensão, que possamos encontrar o perdão a apenas um passo.

Enquanto aprendemos a ver os vilões à espreita dentro de nós, que o Espírito sopre uma vida nova em nós. Ao nos tornarmos completos, sejamos um povo capaz de dar amor até aos diabos que encontramos e de achá-los transformados em amigos por esse amor.

AGRADECIMENTOS

Primeiramente à minha esposa, Amanda. *Usted me ha apoyado en cada paso del camino, y siempre supo que este libro iba a existir: ¡Te quiero hasta la luna y más allá! Vamos a bucear con tiburones para celebrar! Ádemás, ¿es esto correcto? Probablemente no. Utilicé el traductor de Google.*

Aos Storymen, Clay Morgan e Matt Mikalatos, sem os quais este livro definitivamente não existiria. Vocês me prepararam e cutucaram a cada passo do caminho, deixaram-me tirar-lhes ideias, leram meus rascunhos e celebraram comigo. Mal posso esperar o que vem em seguida para nós.

A meu agente, David van Diest, que me julga um autor melhor do que realmente sou e mostrou isso arrancando de mim esta ideia.

A meu editor, Al Hsu, que tolerou e-mails e telefonemas frenéticos e que fez este livro vários fatores de dez melhor do que eu lhe entreguei inicialmente. O senhor é um feiticeiro e este Slytherin tem muito respeito pela sua grandiosidade de Ravenclaw.

A MEUS GRANDIOSOS COAPRESENTADORES NO PODCAST

Bryne Lewis, obrigado por sempre me fazer pensar mais profunda e claramente. É óbvio que precisamos fazer outro *karaoke*.

Tara Thomas Smith e Heather Gerbsch Daughert, vocês foram um tremendo incentivo desde o primeiro dia. Sou grato por pensar de modo teológico com vocês. Os dois me fazem ser um pastor melhor e só posso desejar que o contrário seja verdade até certo ponto.

Mo Zahedi e Stacey Silverii, obrigado por lerem e me darem opiniões e ideias sinceras. Definitivamente, não há ninguém mais com quem eu gostaria de explorar uma cabana abandonada na floresta — em especial porque tenho certeza de ser mais rápido (que Mo, pelo menos).

Elizabeth Glass Turner, sua perspectiva e seu discernimento têm eterno fascínio. Obrigado por sua sinceridade, sabedoria e abertura.

A MEUS LEITORES BETA, QUE ME DERAM INCENTIVO E DISCERNIMENTO

Lorie Langdon (confira seus livros; são impressionantes!), Blake Atwood, Guy Decalmbre, Sara Kay Ndjerareou (todos têm livros, confira-os também), Jennifer Cho, Darryl Schafer, Tim Brooks, Amy Denis, Abby Walls, Elijah Bender, Mikey Fissel (do podcast Reel World Theology) e Jonathan Sprang, suas ideias e seu incentivo foram inestimáveis.

Tom Oord, você é uma das pessoas mais bondosas e mais generosas que já encontrei. Rezo para que um dia eu viva minha teologia metade tão bem quanto você vive a sua.

Da MAC, obrigado por compartilhar esta jornada comigo e por deixar-me fazer parte da sua. Estou muito orgulhoso de apoiar seus sonhos. Obrigado por apoiar os meus.

Marissa Decalmbre e toda a comunidade da Art House Dallas, é um raro privilégio criar com vocês. Agradecimentos especiais para meu incrível grupo de escritores da Art House Dallas, Rachel, Baily, Amber, Ryan, Amanda e Julia, que deram apoio e incentivo constantes. Obrigado por lerem, criticarem e animarem.

Ashley Williams, obrigado por sua amizade e sabedoria em lançar o livro no mundo.

Wendell Simpson, obrigado por sua sabedoria, seu discernimento e seu incentivo.

Paul e Jamie Kepner, obrigado pelo excelente resumo do livro.